D1727837

SterbeHilfeDeutschland e.V.
Postfach 100410, 20003 Hamburg
Tel. (040) 254868-07 • Fax -06
info@SterbeHilfeDeutschland.de
www.SterbeHilfeDeutschland.de

Roger Kusch

Sterbehilfe aus christlicher Nächstenliebe

Bibliografische Information der Deutschen Nationalbibliothek
Die Deutsche Nationalbibliothek verzeichnet diese Publikation
in der Deutschen Nationalbibliografie;
detaillierte bibliografische Daten sind im Internet
über http://dnb.d-nb.de abrufbar.

Band 3

Schriftenreihe des Vereins
SterbeHilfeDeutschland e.V.

© 2011 Herausgegeben vom Vorstand
Umschlagdesign, Satz, Herstellung und Verlag:
Books on Demand GmbH, Norderstedt

ISBN 978-3-8448-6759-6

Inhalt

Psalm 90

Herr Gott, du bist unsre Zuflucht für und für.

Ehe denn die Berge wurden
und die Erde und die Welt geschaffen wurden,
bist du Gott von Ewigkeit in Ewigkeit.
Der du die Menschen lässest sterben
und sprichst: Kommt wieder, Menschenkinder!

Denn tausend Jahre sind vor dir
wie der Tag, der gestern vergangen ist,
und wie eine Nachtwache.
Du lässt die Menschen dahinfahren wie einen Strom,
sie sind wie ein Schlaf, gleich wie ein Gras,
das doch bald welk wird.
Das da frühe blühet und bald welk wird
und des Abends abgehauen wird und verdorret.

Das macht dein Zorn, dass wir so vergehen,
und dein Grimm, dass wir so plötzlich dahin müssen.
Denn unsere Missetaten stellst du vor dich,
unsre unerkannte Sünde ins Licht vor deinem Angesicht.
Darum fahren alle unsere Tage dahin durch deinen Zorn.
Wir bringen unsre Jahre zu wie ein Geschwätz.

Unser Leben währet siebzig Jahre,
wenn's hoch kommt, so sind's achtzig Jahre,
und wenn's köstlich gewesen ist,
so ist's Mühe und Arbeit gewesen.
Denn es fähret schnell dahin, als flögen wir davon.

Wer glaubt's aber, dass du so sehr zürnest?
Und wer fürchtet sich vor solchem deinem Grimm?

Lehre uns bedenken,
dass wir sterben müssen,
auf dass wir klug werden.

Herr, kehre dich doch wieder zu uns
und sei deinen Knechten gnädig!
Fülle uns frühe mit deiner Gnade,
so wollen wir rühmen und fröhlich sein unser Leben lang.
Erfreue uns nun wieder,
nachdem du uns so lange plagest,
nachdem wir so lange Unglück litten.

Zeige deinen Knechten deine Werke
und deine Ehre ihren Kindern.

Und der Herr, unser Gott, sei uns freundlich
und fördere das Werk unsrer Hände bei uns.
Ja, das Werk unsrer Hände wolle er fördern!

A) Ökumenische Einigkeit

1927 wurde Joseph Ratzinger im bayerischen Marktl am Inn als Sohn des örtlichen Gendarmeriekommandanten und einer Köchin geboren. In Traunstein wurde aus ihm ein frommer Bub, danach als Theologiestudent in Freising und München ein frommer Mann.

1951 wurde er zum Priester geweiht, zwei Jahre später zum Dr. theol. promoviert. Nach weiteren vier Jahren habilitierte er sich mit der Schrift „Die Geschichtstheologie des heiligen Bonaventura."

2005 gab er sich den Namen Benedikt XVI., nachdem er zum Stellvertreter Gottes auf Erden erwählt worden war. Seine jahrzehntelange Reifezeit erinnert an Thomas Manns „Erwählten", der auch recht lange hatte warten müssen, bevor er Papst wurde. Im Gegensatz zum Romanhelden Gregorius, der auf einem Felsen hausend immer kleiner wurde, bis er auf die Größe eines filzig-borstigen Igels geschrumpft war, überbrückte Joseph Ratzinger die Wartezeit an einem komfortableren Ort: in der römisch-katholischen Glaubenskongregation als deren Präfekt.

2011 war es endlich soweit: Unser deutscher Papst Benedikt XVI. schickte sich an, seinem Vaterland während eines 4-tägigen Staatsbesuchs apostolischen Glanz zu verleihen.

Frühzeitig bemühte sich Präses Nikolaus Schneider, Ratsvorsitzender der Evangelischen Kirche in Deutschland (EKD), diesen Glanz auch auf die Ökumene zu lenken. Zum 60-jährigen Jubiläum der Priesterweihe von Papst Benedikt XVI. am 29. Juni 2011 schrieb er in einem Glückwunschbrief an den Papst:[1] „Ich bin sehr dankbar, dass Ihr Besuchsprogramm in Deutschland eine solch deutliche ökumenische Akzentsetzung hat und dass Sie sich die Zeit zu einem ausführlichen Treffen mit Vertretern der evangelischen Kirchen in Deutschland im Augustinerkloster Erfurt nehmen – in jenem Kloster, in dem Martin Luther wichtige Prägungen für sein Wirken erfahren hat. Möge Ihr Besuch und unsere gemeinsame Begegnung dazu beitragen, dass das gemeinsame Zeugnis für Christus, der unser aller Weg, Wahrheit und Leben ist, gestärkt werde."

Besonders selbstbewusst klingen diese Zeilen nicht, insbesondere die etwas verkrampfte Erwähnung Martin Luthers und der Stolz, vom Papst zu einem „ausführlichen" Treffen empfangen zu werden.

Ökumene in Deutschland ist die Jahrhunderte alte Sehnsucht der Protestanten, von der katholischen Kirche endlich als gleichberechtigt akzeptiert zu werden. Die katholische Kirche kommt diesem Wunsch durch gelegentliche Gemeinsamkeits-Symbole entgegen (wie zum Beispiel beim Treffen im Augustinerkloster Erfurt), weist die protestantische Anbiederung bisweilen aber auch schroff zurück.

Im Januar 2011 sagte Kardinal Joachim Meisner beim Neujahrsempfang des Diözesanrats im Erzbistum Köln: „Wir haben so viele Dinge, wo wir keine gemeinsame Überzeugung in den ethischen Fragen haben. Das ist jetzt bei der PID besonders deutlich geworden." Der Kardinal verglich die Präimplantationsdiagnostik (PID), die von der katholischen Kirche strikt abgelehnt und von der evangelischen Kirche partiell gebilligt wird, mit dem biblischen Kindsmord durch König Herodes. Außerdem betonte er, die Haltung der evangelischen Kirche zur Homosexualität sei eine andere als die der katholischen Kirche.[2]

Mangelnde Gemeinsamkeit in ethischen Fragen sieht auch der evangelische Theologe Hartmut Kreß. In den letzten 30 Jahren habe sich gezeigt, dass für einen konstruktiven Dialog zwischen katholischer und evangelischer Ethik relativ wenig Spielraum und kaum wirkliche Perspektiven übrig geblieben seien. Es falle auf, dass es um die „Gemeinsamen Erklärungen" der EKD und der katholischen Deutschen Bischofskonferenz sehr still geworden sei.[3]

Umso beachtlicher ist da die Einigkeit, mit der die evangelische und die katholische Kirche gegen Sterbehilfe zu Felde ziehen. Bei keinem gesellschaftspolitischen Thema stehen sich die beiden Kirchen näher als hier. 1989 gaben sie einer gemeinsamen Schrift gegen Sterbehilfe den anheimelnden Titel „Gott ist ein Freund des Lebens",[4] 2003 legten sie eine gemeinsame Textsammlung mit dem Titel „Sterbebegleitung statt aktiver Sterbehilfe" vor,[5] und 2011 veröffentlichten sie gemeinsam die Handreichung einer „Christlichen Patientenvorsorge". Hierin wird der Leser instruiert, Beihilfe zum Suizid sei „aus ethischer Sicht abzulehnen."[6]

Woher kommt diese Gemeinsamkeit? Ist es der übereinstimmende Glaube beider Kirchen, Sterbehilfe widerspreche dem göttlichen Schöpfungsplan? Oder ist die Einigkeit doch eher irdischer Natur?

Die Kraft des christlichen Glaubens in unserer Gesellschaft schwindet, ebenso die Zahl der Kirchenmitglieder. Um die verbliebenen Schäfchen beisammen zu halten, müssen sich die Hirten um Themen bemühen, die auf mehr Interesse stoßen als Ostermärsche und Bibelabende. Da ist Sterbehilfe genau das Richtige. Sterben muss jeder, die Ungewissheit des eigenen Schicksals macht Angst, und Fragen der Vorsorge sind kompliziert – ein geeignetes Terrain also, auf dem sich Kirchenvertreter beider Konfessionen als die Experten profilieren können, die den verbliebenen Gläubigen geistige und geistliche Orientierung geben.

Im Zentrum dieser Orientierung steht das Selbstbestimmungsrecht.

B)   Autonomie am Lebensende

Das Selbstbestimmungsrecht wird jedem Menschen in Deutschland von unserem Grundgesetz garantiert. Es ist außerdem in der Europäischen Menschenrechts-Konvention (EMRK) verankert, die in Deutschland wie in der Schweiz und anderen europäischen Staaten unmittelbar geltendes Recht ist. Am 3. November 2006 hat das Schweizerische Bundesgericht entschieden:[7] „Zum Selbstbestimmungsrecht im Sinne von Art. 8 Ziff. 1 EMRK gehört auch das Recht, über Art und Zeitpunkt der Beendigung des eigenen Lebens zu entscheiden." Mit Urteil vom 20. Januar 2011 hat der Europäische Gerichtshof für Menschenrechte diese Rechtsauffassung in vollem Umfang übernommen.[8] Sie entspricht auch der deutschen Rechtslage, jedenfalls seit 2009, als der Deutsche Bundestag das Patientenverfügungsgesetz verabschiedete. Hätte das Bundesverfassungsgericht über Autonomie am Lebensende zu entscheiden, käme es zum selben Ergebnis wie das Schweizerische Bundesgericht und der Europäische Gerichtshof für Menschenrechte.

Ist dieses Verständnis des Selbstbestimmungsrechts auch Grundlage kirchlicher Äußerungen?

1)   Horizont der Geschöpflichkeit

Als Einstieg sei ein „Beitrag der Kammer für Öffentliche Verantwortung der EKD" aus dem Jahre 2005 zitiert:[9] „Nach christlichem Verständnis darf der Tod eines Menschen nicht herbeigeführt, sondern muss abgewartet werden. Denn Christen sehen sich selbst als Geschöpfe Gottes. Geburt und Tod liegen somit in Gottes Hand, der Tod wird (ebenso wie die Geburt) als ein Geschick verstanden. Geschöpflichkeit bedeutet jedoch nicht, dass Menschen im Hinblick auf den Tod gar nicht handeln dürften. Denn geschöpfliches Leben ist immer zu gestaltendes Leben. Das Ende des Lebens ist in diese Gestaltungsaufgabe eingeschlossen. Aber

Freiheit und Selbstbestimmung sind im Horizont der Geschöpflichkeit keine absoluten Werte. Freiheit ist aus christlicher Sicht stets als gestaltete Abhängigkeit (von Gott, vom eigenen Geschick oder von anderen Menschen) zu verstehen und Selbstbestimmung als persönlicher Umgang mit dem eigenen Bestimmtsein (z.B. durch die Lebensgeschichte oder tief greifende Überzeugungen)."

Gleich der erste Satz des Zitats steht im Widerspruch zu unserer Rechtsordnung: Der Tod „muss abgewartet werden". Die Pflicht zum Abwarten ist die vollständige Negation des Rechts, „über Art und Zeitpunkt der Beendigung des eigenen Lebens zu entscheiden." Und mit welcher Begründung negiert die EKD das Verfassungsrecht auf Selbstbestimmung am Lebensende? „Christen sehen sich selbst als Geschöpfe Gottes. Geburt und Tod liegen somit in Gottes Hand."

„Somit" – dieses kleine, unauffällige Wort soll mehr Gewicht haben als Grundgesetz und Europäische Menschenrechts-Konvention zusammen? Wieso kann ein Geschöpf Gottes den Todeszeitpunkt nicht selbst in die Hand nehmen?

Dass der Tod in Gottes Hand läge, wird oft genug schon durch die äußeren Umstände widerlegt. Autounfall, Herztransplantation, Antibiotika, künstliche Beatmung – alles ist Menschenwerk. Wer eine Patientenverfügung erstellt, will nicht Gott ins Handwerk pfuschen, sondern menschliche Entscheidungen antizipieren und in seinem Sinne regulieren.

Wenn ein Krebspatient die Wahl hat, durch Chemotherapie sein Leben etwas zu verlängern oder auf die Therapie zu verzichten, gibt es keinerlei Handreichung Gottes. Auch an der Hand eines evangelischen Pfarrers bleibt die Entscheidung des Patienten für oder gegen die Chemotherapie allein seine eigene. Die Unterstellung, von evangelischen Christen werde der Tod „als ein Geschick verstanden", zeigt eindrucksvoll, wie weit die Kirche sich mittlerweile vom Alltag ihrer Gläubigen entfernt hat – oder wie weit sich deren Alltag inzwischen von der erstarrten Kirche entfernt hat.

Und wie steht es um die „Geschöpflichkeit" im oben zitierten EKD-Text? Der Ausgangspunkt entspricht üblichem christlichem Selbstverständnis: Der Mensch als Geschöpf Gottes. Doch was besagt diese Metapher für die Antwort auf existentielle Fragen? Muss man als Geschöpf Gottes beispielsweise auf das Selbstbestimmungsrecht nach Art. 8 Ziff.1 EMRK verzichten? Bei der Antwort greifen die Verfasser des EKD-Textes zu einem rhetorischen Trick.

Da sie natürlich wissen, dass Geschöpflichkeit und Selbstbestimmungs-recht in keinem Widerspruch zu einander stehen, es also keinerlei Argu-ment gibt, warum das Selbstbestimmungsrecht eines Christenmenschen an seiner Geschöpflichkeit scheitern soll, wird eine neue Dimension eröff-net: der Horizont. Das liest sich dann so: „Freiheit und Selbstbestimmung sind im Horizont der Geschöpflichkeit keine absoluten Werte. Freiheit ist aus christlicher Sicht stets als gestaltete Abhängigkeit...zu verstehen."

Freiheit als gestaltete Abhängigkeit. Mit ähnlichem Vokabular wurde die Berliner Mauer gerechtfertigt: Schutz der Freiheit der DDR-Bürger vor kapitalistischer Abhängigkeit, und die Mauer als das gestaltende Element. Die Worthülse „Horizont der Geschöpflichkeit" soll einschüchtern und eine geistige Mauer errichten – zum Schutz der Hirten vor eigenständigem Denken und Handeln der Schafe.

2)   Der integrative Ansatz

In seinem Vorwort zum EKD-Text schreibt Bischof Wolfgang Huber (siehe auch unten S. 91): „Der Respekt vor der Selbstbestimmung der Pati-enten ist...geradezu eine Implikation der Fürsorge. In diesem integrativen Ansatz sieht der Rat der EKD einen besonders geeigneten und hilfreichen Ausgangspunkt für die Entwicklung ethischer Regeln."[10]

Respekt vor der Selbstbestimmung als Implikation der Fürsorge – das-selbe rhetorische Muster wie die Freiheit als gestaltete Abhängigkeit.

Gegensätze werden nicht benannt, nicht bewertet und nicht abgewogen, sondern zu einem Gedankenbrei vermengt.

Fürsorge kann ja nur dort eine Rolle spielen, wo der Selbstbestimmung des Patienten der Respekt *versagt* werden soll. Solche Fürsorge ist keineswegs per se unlauter. Der Schutz eines Patienten vor sich selbst mag im Einzelfall durchaus angemessen sein. Aber warum nennt die EKD die Dinge nicht beim Namen?

Die Hirten wollen eine Herde hüten und nicht mit einzelnen Schafen diskutieren. Gedankenbrei mit dem Etikett „integrativer Ansatz" ist das geeignete Schafsfutter.

Ein weiteres Zitat möge der evangelisch-christlichen Erbauung des Lesers dienen:[11] „Selbstbestimmung ist aus christlicher Sicht positiv zu werten, wenn sie die Abhängigkeit von der eigenen Leiblichkeit, von der Fürsorge anderer Menschen und von Gott impliziert und bejaht. Nur dann bleibt sie auf die Freiheit des Menschen bezogen und dient dieser Freiheit... Schließlich ist Selbstbestimmung nur möglich, wo ein Mensch nicht von starken Gefühlen wie Angst, Panik oder Verzweiflung beherrscht ist. Auch hier ist ein Mensch im Interesse seiner Selbstbestimmung auf Fürsorge angewiesen. Eine angstfreie selbstbestimmte Entscheidung setzt voraus, dass jeder Mensch Zugang zu einer professionell unterstützten liebevollen Pflege hat."

Angstfreiheit als Voraussetzung des Selbstbestimmungsrechts – mit dieser anmaßenden und in unserer Rechtsordnung nirgends legitimierten Behauptung können sich Diakonie- und andere evangelische Helfer der Ängstlichen, Panischen und Verzweifelten bemächtigen und ihnen ihre professionell-liebevolle Pflege aufnötigen.

3)   Solidarität mit Sterbenden

Die katholische Kirche bekämpft das Selbstbestimmungsrecht nicht weniger vehement als die evangelische, aber doch in anderer Nuancierung, wie das Hirtenschreiben zeigt, das der Freiburger Erzbischof Zollitsch (siehe auch unten S. 87) im Jahre 2006 zusammen mit seinen Amtsbrüdern aus Straßburg und Basel verfasst hat: [12] „Solidarität mit Sterbenden besteht nicht darin, ihnen einen Weg zu weisen, wie sie sich beizeiten aus dem Leben verabschieden können, bevor sie anderen zur Last werden. Wirkliche Hilfe, die der Herausforderung des Sterbens nicht ausweicht, erfordert vielmehr die Bereitschaft zum Dabeibleiben, zum geduldigen Ausharren und zum gemeinsamen Warten auf den Tod. Im Ertragen dieser Ohnmacht zeigen sich eine tiefere menschliche Solidarität und eine entschiedenere Achtung vor der Würde des sterbenden Menschen als in dem Ausweg einer willentlichen Herbeiführung des Todes durch andere oder den Sterbenden selbst."

Im Ziel sind sich katholische und evangelische Kirche einig: Für die letzte Lebensphase wird das von der Verfassung garantierte Selbstbestimmungsrecht bestritten. Aber Erzbischof Zollitsch und seine beiden Amtsbrüder argumentieren auf einem ganz anderen Niveau, indem sie ein gravierendes Argument *gegen* Sterbehilfe, das durchaus ernst genommen werden muss, in einen unscheinbaren Nebensatz einfließen lassen. Sterbenden wird unterstellt, sie wollten sich beizeiten aus dem Leben verabschieden können, „bevor sie anderen zur Last werden."

Den Giftbecher einem Sterbenden zu reichen, bevor er anderen zur Last wird? Sterbehilfe zur Entlastung der Angehörigen? Eine bedrückende Vorstellung. Die katholischen Bischöfe entwerfen hier ein Schreckensszenario, das die blassen EKD-Implikationen zwischen Selbstbestimmung und Fürsorge weit in den Schatten stellt. Der kleine Nebensatz „bevor sie anderen zur Last werden" zeugt von Jahrhunderte alter Erfahrung der katholischen Kirche mit Hölle, Fegefeuer und Ablass. Beschreibungen der Apokalypse gehören zum katholischen Rüstzeug. Da können Protestanten nicht mithalten.

Zum katholischen Rüstzeug gehört auch der souveräne Umgang mit der Wahrheit. Ob ewige Verdammnis, Ablass oder Sterbehilfe zur Entlastung von Angehörigen: Der Wahrheitsgehalt ist jeweils Null, aber das ist bekanntlich kein Maßstab, der für die katholische Kirche in den letzten zweitausend Jahren eine entscheidende Rolle gespielt hätte.

Der Verein SterbeHilfeDeutschland e.V. ist noch nie mit einem Sterbewunsch konfrontiert worden, bei dem auch nur der geringste Verdacht bestand, Angehörigen-Entlastung sei das Motiv des Wunsches. Ein solcher Wunsch wäre derzeit in Deutschland auch völlig unplausibel. Wenn jemand die Pflege eines alten oder kranken Angehörigen als Last empfindet, dann entledigt er sich dieser Last mit Hilfe eines Alten- oder Pflegeheims und nicht mit Hilfe eines Sterbehilfe-Vereins. Ist der pflegebedürftige Angehörige schließlich in einem solchen Heim untergebracht, ist er dort herzlich willkommen, denn er trägt zur Finanzierung bei, je länger desto besser.

Wer sich hingegen an einen Sterbehilfe-Verein wendet, der sorgt sich stets um seine *eigene* Würde. Das wissen auch katholische Bischöfe, aber den Schafen Angst einzujagen, erleichtert den Hirten, die Herde zu hüten.

4)   Das einseitige Menschenbild der Gesundheit

Der Hirtenbrief warnt:[13] „Die rechtliche Zulassung der Tötung auf Verlangen oder der ärztlichen Suizidbeihilfe wären ein Signal, das in die falsche Richtung weist. Sie verwandeln den Tod in ein künstlich herbeigeführtes Ereignis, das kranken Menschen, die keine Aussicht auf Heilung mehr haben, einen geräuschlosen Abschied aus der Mitte der Lebenden ermöglichen soll. Dahinter steht ein Menschenbild, das einseitig an den Idealen von Unabhängigkeit, Leistungsfähigkeit und Gesundheit orientiert ist. Die Gegenwart der kranken, leidenden und sterbenden Menschen wird in dieser Perspektive ausschließlich als eine Belastung wahrgenommen, der man sich entziehen möchte. Man sieht in dem Schwerkranken nicht mehr den leidenden Menschen, dem wir bis zuletzt vorbehaltlos Annahme, Liebe und Hilfe schulden, sondern nur einen medizinischen Zustand, der aussichtslos geworden ist und deshalb durch äußeres Eingreifen beendet werden soll. Eine einseitige Betrachtung des Lebens, die seinen dunklen Seiten aus dem Weg geht, setzt Schwerkranke und Sterbende dem Zwang zur Rechtfertigung ihres Daseins aus."

In dieser langen Aussage wird das Selbstbestimmungsrecht bekämpft, ohne dass es auch nur ein einziges Mal erwähnt würde. Die katholischen Bischöfe beschäftigen sich hier nicht mit dem Menschenbild, das der Schwerkranke in eigener Sache entwirft. Gewarnt wird vor dem vermeintlichen Menschenbild der Sterbehilfe-Befürworter. Ihnen wird unterstellt, dass sie den Schwerkranken als eigene Belastung wahrnehmen, „der man sich entziehen möchte." Hier ist mit den Bischöfen in ihrer argumentativen Not die Fantasie durchgegangen.

Die Realität organisierter Sterbehilfe ist recht schlicht. Für einen Verein wie SterbeHilfeDeutschland e.V. ist die größte Belastung, im konkreten Einzelfall Sterbehilfe zu leisten. Der Verein ist jedem Mitglied dankbar, das *keinen* Wunsch nach Sterbehilfe äußert oder den einmal geäußerten Wunsch hintanstellt. Der Sterbewillige hat erhebliche Hürden zu überwinden, bevor sein Wunsch erfüllt wird. Der Verein hat auch kein eigenes Menschenbild, das den Mitgliedern als Maßstab ihres Handelns vorgeschrieben würde. Der Verein bemüht sich vielmehr im Gespräch mit den Mitgliedern, *deren jeweils individuelles* Menschenbild zu erfassen, um gegebenenfalls auf Möglichkeiten der Weiterentwicklung hinweisen zu können.

Es gibt Mitglieder, die im Altenheim leben, mit ihrer Situation dort zurechtkommen und Sterbehilfe nur für den (Not-)Fall ins Auge fassen, dass sie bettlägerig und vollständig pflegebedürftig werden. Andere leben in den eigenen vier Wänden und beharren darauf, in diesen zu sterben, weil sie die Situation in Heimen aus eigener Anschauung kennen und nie dorthin umziehen wollen. Zwei gänzlich konträre Selbstbilder und damit „Menschenbilder", die der Verein gleichermaßen respektiert.

Das Menschenbild, vor dem die Bischöfe warnen, beschreibt nicht die Probleme unserer Gesellschaft, sondern entspringt katholischer Apokalypse-Fantasie. So ist auch die Ableitung aus diesem Menschenbild, Schwerkranke und Sterbende seien „dem Zwang zur Rechtfertigung ihres Daseins ausgesetzt", ein Exponat des katholischen Gruselkabinetts.

5)   Kreatürliche Ehrfurcht

Auch an anderer Stelle bekämpfen die Bischöfe das Selbstbestimmungsrecht, ohne es beim Namen zu nennen:[14] „Mitleid, Erbarmen und Liebe bestimmen eine Beziehung zwischen Menschen, in der man auf den Nächsten hin lebt, sein Selbstgefühl stärkt, und ihn zu tragen und sein Leiden zu lindern bereit ist. Solches Mitleid erniedrigt den anderen nicht, sondern stärkt ihn in seinem Personsein. Eine menschenfreundliche Ethik verbietet es, das Leiden als solches zu verklären oder das Ausmaß extremer Belastungen zu verharmlosen, die mit dem Sterben verbunden sein können. Doch sind Mitleid und Nächstenliebe Formen kreatürlicher Ehrfurcht, durch die wir uns der Person des leidenden Menschen in besonderer Weise nahe wissen."

Wieder ist die Person des leidenden Menschen nicht Subjekt, das selbst entscheiden darf, von wem welche Hilfe erwünscht ist, sondern Objekt „kreatürlicher Ehrfurcht" christlicher Gutmenschen. Diese nötigen ihm eine Beziehung auf, „in der man auf den Nächsten hin lebt." Was aber, wenn der Schwerkranke keinen „Nächsten" hat und die Nähe fremder Menschen nicht erträgt?

Auf solchen Egoismus von Schwerkranken kann kreatürliche Ehrfurcht keine Rücksicht nehmen. Dem nächstenliebenden Katholiken muss die Chance zum Mitleid gegeben werden, damit er sich so „der Person des leidenden Menschen in besonderer Weise nahe wissen" darf.

6)   Hospize statt Sterbehilfe

Als letztes Zitat aus dem Hirtenbrief[15] soll ein Argument aufgegriffen werden, das nicht nur von den Kirchen, sondern auch von Funktionären aus Ärzteschaft und Politik häufig gegen Sterbehilfe eingewandt wird. „Die zahlreichen Mitbürgerinnen und Mitbürger, die sich ehrenamtlich in der Hospizbewegung engagieren, zeigen, welche Art von Hilfe Sterbende vor allem benötigen. Wenn sie dank guter medizinischer Versorgung und mitmenschlicher Begleitung ihr Leben bis zuletzt in einer persönlichen Umgebung führen können, äußern sie nicht mehr den Wunsch, vorzeitig aus dem Leben zu scheiden."

Kann man das, was Sterbende „vor allem" benötigen, aus dem ehrenamtlichen Engagement von Hospizhelfern ableiten? In Deutschland sterben jedes Jahr 800.000 Menschen. Wissen die Hospizhelfer, was jeder einzelne dieser 800.000 „vor allem" benötigt?

Aber katholische Bischöfe wissen, was Sterbende bei ausreichender Palliativversorgung *nicht mehr* benötigen: Sterbehilfe. Die Sterbenskranken äußern dann „nicht mehr den Wunsch, vorzeitig aus dem Leben zu scheiden."

Gegenüber dem Verein SterbeHilfeDeutschland e.V. hatten im Jahr 2010 ca. 40 Menschen den Wunsch nach Sterbehilfe geäußert. In 21 Fällen wurde Sterbehilfe geleistet. Stets war Hospiz als Alternative zu Sterbehilfe Gegenstand der persönlichen und gutachterlichen Gespräche. In der Mehrzahl der 21 Fälle kam ein Hospiz schon wegen der Art der Erkrankung nicht in Betracht (z.B. bei hochgradiger Sehstörung). In den wenigen anderen Fällen wurde ein Wechsel ins Hospiz dezidiert abgelehnt.

Wer sich endgültig zum Suizid entschlossen hat, lebt auf den Tod zu. Wer sich in einem Hospiz aufnehmen lässt, lebt nur noch auf den Tod zu. Die ungewisse Verweildauer im Hospiz ist für den einen entlastend, weil ihm das Hospiz die Bürde abnimmt, den eigenen Todeszeitpunkt festzulegen. Für den anderen ist die Ungewissheit der Verweildauer neben der stets präsenten Todesgewissheit eine zusätzliche Belastung, die er durch einen assistierten Suizid vermeiden will. Hospiz und Sterbehilfe schließen sich nicht aus, sie stehen nicht einmal im Widerspruch zueinander, sondern sie ergänzen sich. Jeder Befürworter von Sterbehilfe in Deutschland befürwortet gleichermaßen den Ausbau der Palliativversorgung zu einem flächendeckenden Angebot.

Aber es gibt nicht nur unheilbare *Krankheiten*, sondern auch unheilbare *Schmerzen*. Das räumen selbst Palliativmediziner ein. Entgegen der Behauptung der Bischöfe wird es selbst bei bestmöglicher Palliativversorgung in Deutschland immer auch einzelne Wünsche nach begleitetem Suizid geben. Keiner der 21 begleiteten Suizide im Jahre 2010 war Folge mangelhafter Palliativversorgung.

7)   Die Unfreiheit des Suizidenten

Theologen wissen gelegentlich um die Begrenztheit ihrer Überzeugungskraft und bedienen sich deshalb fachfremder Argumente. So wie der Hirtenbrief die – ganz und gar weltliche – Palliativversorgung in Stellung gegen Sterbehilfe bringt, so bedient sich auch der katholische Theologe Emmanuel J. Bauer im Kampf gegen das Selbstbestimmungsrecht am Lebensende einer typisch ärztlichen Argumentation: Das Selbstbestimmungsrecht am Lebensende wird generell bejaht; es nützt dem Suizidenten aber nichts, weil der Wunsch nach dem Tod „immer ein Hilferuf"[16] sei. So wird der Suizid zur *per se unfreien* Handlung erklärt. Das liest sich bei Bauer im Einzelnen dann so:[17]

„Nach Auffassung fast aller Fachleute ist der ‚freie Charakter' von Suizidhandlungen sehr zu bezweifeln – insbesondere wenn man unter Freiheit nicht bloß eine simple Ja-Nein-Entscheidung auf der Ebene einer einfachen Handlungsalternative versteht, sondern einen komplexen personalen

Prozess damit meint, in dem es gilt, Wertinhalte zu erfassen, sich von sich selbst und der augenblicklichen Lage zu distanzieren, Lebensoptionen nachzuempfinden und die eigenen Entfaltungsmöglichkeiten einzuschätzen –, obwohl Ausnahmefälle im Sinne eines Suizids aus philosophisch-existentiellen oder bilanzierenden Motiven nicht auszuschließen sind. Die große Mehrheit solcher Handlungen wird in einer subjektiv hoffnungslosen Situation gesetzt, in der das handelnde Subjekt weder im vollen Sinn des Wortes ‚frei‘ noch ‚willig‘ ist.“

Als erstes nennt Bauer „die Auffassung fast aller Fachleute“. Wer wird es wagen, gegen eine solche Streitmacht anzutreten? Da unklar ist, aus welchen Fächern sich diese Bataillone rekrutieren, ist ein Widersacher in Gefahr, als tumber Laie gar nicht ernst genommen zu werden.

Als zweites legt Bauer den Begriff der Freiheit willkürlich fest, und zwar derart einengend, dass selbst ein promovierter Philosoph, der an ALS in fortgeschrittenem Stadium leidet, den komplexen Anforderungen dieses Freiheitsbegriffs nicht gerecht werden kann. Es wird ihm nämlich schon nicht gelingen, „sich von...der augenblicklichen Lage zu distanzieren.“

Was ist das aber für eine Forderung, von einem ALS-Patienten zu verlangen, er müsse sich von seiner ALS-Situation „distanzieren“? Immerhin tituliert Bauer den Suizidenten als „das handelnde Subjekt“ – aber was nützt dem Subjekt der Ehrentitel, da doch seine Handlung weder „frei“ noch „willig“ ist?

Wie sich der katholische Theologe Bauer hier des Freiheitsbegriffs bemächtigt, erinnert abermals an die Berliner Mauer. Sie wird zum antifaschistischen Schutzwall erklärt, der die wahre Freiheit der DDR-Bürger sichert. Grenzverletzer können deshalb nur kriminell oder geisteskrank sein und müssen zum Schutz der Freiheit ausgeschaltet werden.

Wer sich mit dem Begriff der Freiheit beschäftigt, wird schnell feststellen, dass der Versuch einer ontologischen Herleitung in die Irre führt. Der

Begriff der Freiheit ist stets funktional: Bei der Gestaltung des gesellschaftlichen Miteinanders bringt man Pflichten, Verbote, Rücksichten in den gewünschten Ausgleich, gestaltet die Rechtsordnung demgemäß und nennt die so geschaffene Gesellschaftsstruktur „Freiheit".

So wie Bauer den Suizidenten für unfrei und damit für krank erklärt, so kann auch der Sexualmord als unfrei gewertet werden, als zwangsläufige, vom Täter nicht steuerbare Folge des übermächtigen Sexualtriebs. Sexualmörder für generell schuldunfähig zu erklären, ist medizinisch möglich – der Schutz der Gesellschaft obläge dann aber nicht mehr den berechenbaren Strukturen unabhängiger Gerichte, sondern wäre in der Hand einzelner Psychiater in geschlossenen Kliniken und damit weniger strukturiert und auch nicht unabhängig. Die Festlegung unserer Rechtsordnung, dass alle Täter, auch Sexualmörder prinzipiell für ihre Taten verantwortlich sind, ist nicht medizinisch zwingend, sondern ein Postulat; die Rechtsordnung legt fest, dass auch Menschen mit noch so dominantem Sexualtrieb prinzipiell frei sind in der Entscheidung, einen Mord zu begehen oder darauf zu verzichten. Die solchermaßen postulierte Freiheit führt zur Zuständigkeit der Strafgerichte, bei denen sowohl der Schutz der Gesellschaft als auch der Schutz der Täter vor willkürlicher Sanktion besser aufgehoben sind als bei Klinik-Psychiatern, für die jeder Täter immer auch Patient ist.

Auch beim Suizid ist es nicht medizinisch zwingend, ihn als prinzipiell freie Handlung zu bezeichnen. Wer dem Suizidenten aber – so wie Bauer es tut – die Freiwilligkeit per se abspricht, ihn also für krank erklärt, der schafft die Notwendigkeit einer Betreuungsinstanz, sei es Arzt, Pfarrer oder Ethikkomitee, die für den Suizidwilligen entscheidet, ob er sterben darf oder weiterleben muss. Bauer nennt das einen „behutsamen Prokurantismus":[18] „Durch gesetzliche Bevollmächtigung übernehmen professionelle Helfer befristet die Verantwortung für den suizidalen Menschen zum Schutz seines Lebens."

Was wäre die Folge einer solchen Instanz? Wie schon erwähnt hat SterbeHilfeDeutschland e.V. im Jahr 2010 in einundzwanzig Fällen Suizidhilfe geleistet. Im selben Zeitraum gab es in Deutschland ca. 10.000 unbegleitete Suizide, die sich gesellschaftlicher Kontrolle vollständig entziehen. Wer sich vor einen Zug wirft oder von einer Brücke stürzt, fragt vorher niemanden, und im Nachhinein spielt es auch keine Rolle, ob „das handelnde Subjekt… im vollen Sinn des Wortes ‚frei‘ und ‚willig‘" war.

Wer professionelle Helfer gesetzlich bevollmächtigen will, „befristet die Verantwortung für den suizidalen Menschen zum Schutz seines Lebens" zu übernehmen, erreicht damit höchstens 0,1 % aller Suizidenten. Eine solche Idee ist also nicht nur verfassungswidrig, sondern außerdem gesellschaftlich nutzlos.

8) Alzheimer: Eine „atheistische Reaktion" und das christliche Gegenmodell

Am 7. Mai 2011 erschoss sich im Alter von 78 Jahren der Industriellenerbe und Fotograf Gunter Sachs in seinem Chalet in Gstaad. Seine Familie veröffentlichte am folgenden Tag eine Pressemitteilung:[19]

„Nach einem großen Leben, reich an Erlebnissen und Begegnungen, ist mein geliebter Mann, unser Vater und Großvater, Gunter Sachs, von uns gegangen. Er war eine einmalige Persönlichkeit, die stets gradlinig und mit Herz für seine Familie und Freunde dagewesen ist. Seine Weisheit, sein kreativer Geist, seine Zivilcourage und seine Großherzigkeit begleiteten sein außergewöhnliches Leben. Du fehlst uns! Die exakte Bekanntgabe der nachfolgenden Erklärung war sein persönlicher Wunsch. Wir bitten, unsere Privatsphäre zu respektieren. Das Begräbnis findet im engsten Familienkreis statt. Familie Sachs"

Der Abschiedsbrief von Gunter Sachs: „In den letzten Monaten habe ich durch die Lektüre einschlägiger Publikationen erkannt, an der ausweglosen Krankheit A. zu erkranken. Ich stelle dies heute noch in keiner Weise durch ein Fehlen oder einen Rückgang meines logischen Denkens fest – jedoch an einer wachsenden Vergesslichkeit wie auch an der rapiden Verschlechterung meines Gedächtnisses und des meiner Bildung entsprechenden Sprachschatzes. Dies führt schon jetzt zu gelegentlichen Verzögerungen in Konversationen. Jene Bedrohung galt mir schon immer als einziges Kriterium, meinem Leben ein Ende zu setzen. Ich habe mich großen Herausforderungen stets gestellt. Der Verlust der geistigen Kontrolle über mein Leben wäre ein würdeloser Zustand, dem ich mich entschlossen habe, entschieden entgegenzutreten. Ich danke meiner lieben Ehefrau und meiner engsten Familie sowie meinen in tiefer Freundschaft verbundenen Weggefährten, mein Leben wundervoll bereichert zu haben. Gunter Sachs"

Gunter Sachs war Schweizer Staatsbürger, aber darauf kam es beim gewaltigen Medienrummel in Deutschland nicht an. BILD[20] sprach vom „Deutschen Vorzeige-Playboy." Zahlreiche Funktionäre aus allen Bereichen der Gesellschaft, die zuvor nicht als Suizid-Experten in Erscheinung getreten waren, ergriffen die Chance zum fachkundigen Kommentar.

Arbeitsministerin Ursula von der Leyen belehrte die Nation im Gespräch mit Super Illu[21] darüber, dass es möglich sei, „mit Alzheimer über Jahre hinweg in Würde zu leben, dass es dabei auch viele glückliche Momente geben kann." Die längst vergessene Ex-Familienministerin Renate Schmidt beschimpfte bei „hart aber fair"[22] den Verblichenen: Jeder Demenzkranke müsse sich angesichts des Beispiels, das Gunter Sachs gesetzt habe, wie ein Versager vorkommen, wenn er weiterlebe.

Der EKD-Ratsvorsitzende Schneider bereicherte die Debatte um das Kriterium der Maßlosigkeit:[23] „Wenn ich volle Selbstbestimmung über das gesamte Leben haben will, ist das ein Ideal, das maßlos ist." Der emeritierte Theologie- und Soziologieprofessor Reimer Gronemeyer holte anlässlich des Todes von Gunter Sachs noch weiter aus:[24] Man müsse „den assistierten Suizid wohl als einen Schritt zur medizinisch organisierten, überwachten, kontrollierten, projektierten Tötung ansehen."

Peter Hahne, Fernsehmoderator, Bestsellerautor und BamS-Kolumnist nahm sich in letzterer Funktion des Suizids von Gunter Sachs an.[25] Um die Leser seiner Kolumne behutsam in das heikle Thema einzuführen, begann er mit einer Begebenheit, die mit Gunter Sachs nicht das Geringste zu tun hatte:

„Unvergessen bleibt mir der Anruf einer Freundin vor einigen Jahren: ‚Meine Mutter hat mich gefragt, ob ich ihr nicht den Cocktail von Hannelore Kohl besorgen könnte.‘ Die alte Dame war noch mit 89 Jahren täglich schwimmen gegangen, jetzt ließen die Kräfte nach und sie wurde zum Pflegefall. Sie hatte von Hannelore Kohl gelesen, die sich im Juli 2001 mit einem Tablettenmix das Leben genommen hatte. Fassungslos fragte ich die Freundin, was sie denn geantwortet habe. Sie hat ihre Mutter in den Arm genommen, sie gestreichelt und ihr versprochen: ‚Gott allein ist es, der Beginn und Ende des Lebens setzt. Er hat versprochen, uns bis ins hohe Alter zu tragen – und wir Kinder sind dazu da, ihm dabei zu helfen.‘“

Nach dieser rührseligen Einleitung wurde Hahne dann deutlicher und berief sich auf Dietrich Bonhoeffer, Märtyrer der Nazi-Barbarei: Der habe Selbstmord eine Sünde genannt. Da war weder Begründung noch Erläuterung vonnöten, denn wer wird es wagen, Dietrich Bonhoeffer zu widersprechen? Hahne schloss seine Kolumne mit der Erkenntnis: „Wer sich umbringt, bringt sich um den Tag, an dem ihm geholfen werden kann.“ Bei diesem Satz konnten die BamS-Leser wohlwollend mit dem Kopf nicken und zum Sportteil weiterblättern.

Doch nun zur medialen Krönung der Gunter-Sachs-Todes-Nachwehen: Eine Sendung von Radio Vatikan vom 15. Mai 2011.[26] Kapuzinerbruder Paulus Terwitte aus Frankfurt am Main äußerte sich zunächst zur Würde als Geschenk: „Die Würde habe nicht ich mir gegeben, sondern sie wurde mir geschenkt, und deshalb habe ich eine Aufgabe, in der mir geschenkten Würde das zu vollbringen, was mir aufgegeben ist.“

Sodann befasste er sich mit dem Menschen als Wrack: „Wer sich selbst getötet hat, der war nicht mehr frei und hat sich nicht frei gegen Gott entschieden, sondern hatte einen ganz unheilvollen inneren Drang, dem er nicht mehr widerstehen konnte, und ist so zur Selbsttötung gekommen. Das Märchen vom ‚Freitod‘ ist schon lange ausgeträumt: Menschen sind wirklich Wracks und am Ende und können sich nicht mehr selber steuern, sie gehen auf einen Trichter zu und können dazu einfach nicht mehr Nein sagen.“

In derselben Sendung wurde auch ein Interview abgespielt, das Kardinal Joachim Meisner seinem Haus-und-Hof-Sender „domradio.de“ wenige Tage zuvor gegeben hatte. Mit Rücksicht auf den obersten Medienmogul des Senders verzichtete domradio.de entgegen sonstiger Gepflogenheit darauf, die holprigen Äußerungen des Kardinals als Manuskript zu verbreiten. Radio Vatikan war mutiger, bereinigte im Manuskript aber alle sprachlichen Unzulänglichkeiten. Hier die Original-Äußerungen von Meisner über den Suizid von Gunter Sachs:

„Er ist jetzt 79 – ein Jahr älter als ich – und er stellt fest, dass das Gedächtnis ihm Schwierigkeiten macht, dass er schon manches vergisst. Und dass ihm der Wortschatz als Gebildeter nicht mehr so zur Verfügung stand wie früher, weil sein Gedächtnis und die Intelligenz. Und da hat er Angst, dass das noch mehr eintrocknet und dass er dann eigentlich dement wird. Deswegen hat er sich erschossen. Das ist eine typische atheistische Reaktion. Die Würde des Menschen liegt doch nicht in seiner Intelligenz! Ist denn ein Säugling, hat der menschliche Würde? Der kann doch aber noch nicht denken!“

Es stimmt: Kardinal Meisner ist ein Jahr jünger als Gunter Sachs. Der war bei seinem Tod aber nicht 79, sondern 78 Jahre alt. Das heißt, Meisner kannte beim Interview sein eigenes Alter nicht. Unsere Rechtsordnung garantiert dem Kardinal die Freiheit, nach diesem ersten Alarmzeichen beginnender Demenz ein christliches Gegenmodell zu Gunter Sachs’ atheistischer Reaktion vor- und auszuleben.

C) Assistierter Suizid im Fegefeuer sprachlicher Verdammnis

1) Der Hauch des Todes

In dem oben (S. 17) erwähnten Hirtenbrief warnen die drei Bischöfe vor einem Menschenbild, das „Schwerkranke und Sterbende dem Zwang zur Rechtfertigung ihres Daseins" aussetze. Professor Bauer von der Theologischen Fakultät der Universität Salzburg sieht dieselbe Gefahr, macht dafür aber kein spezielles Menschenbild verantwortlich, sondern den assistierten Suizid: „Insbesondere besteht aber die Gefahr, dass durch die Praxis des assistierten Suizids sukzessive ein gesellschaftliches Klima entsteht, in dem sich ältere und chronisch kranke Menschen subtil moralisch unter Druck gesetzt fühlen können, den eigenen Tod wünschen zu sollen, da dies von der Gesellschaft erwartet wird. Statt einer Atmosphäre der Liebe und des Lebens würde der Hauch des Todes das Altsein des Menschen bestimmen."[27]

Das sind schlimme Aussichten. Wo der Tod schon als laues Lüftchen die Atmosphäre prägt, ist auch kräftiger Todeswind nicht auszuschließen. Und das alles wegen der Existenz von Sterbehilfe-Organisationen. Ohne solche Organisationen würden die Menschen in „einer Atmosphäre der Liebe und des Lebens" alt werden.

Im Frühjahr 2011 fand die jährliche Mitgliederversammlung des Vereins SterbeHilfeDeutschland e.V. statt. Es gab Wein, andere Getränke und belegte Brötchen, Referate wurden gehalten, Fragen beantwortet; die 30 Teilnehmer diskutierten lebhaft über Autonomie am Lebensende und Alltagsprobleme. Im Nachhinein bedankten sich Mitglieder für den inhaltsreichen Abend. Einigen war die Klimaanlage zu kalt, aber keiner beklagte sich, vom Hauch des Todes angeweht worden zu sein. Wenn selbst auf der Versammlung eines Sterbehilfe-Vereins dieser Hauch nicht zu spüren ist, wie soll dieser Verein dann in der Lage sein, die Alters-Atmosphäre von 80 Mio. Deutschen zu beeinflussen?

SterbeHilfeDeutschland e.V. ist der einzige Verein, der in Deutschland assistierten Suizid anbietet. Ende 2010 hatte er 182 Mitglieder. Von einem solchen Verein soll eine gesellschaftliche Gefahr ausgehen? Der ADAC hat 17 Mio. Mitglieder, der Präsident trifft sich regelmäßig mit der Kanzlerin. Und regelmäßig beklagt der ADAC die hohen Benzinpreise. Noch nie aber hat diese Klage zu Preissenkungen der Ölgesellschaften oder zur Reduzierung der Mineralölsteuer geführt.

Dass die Praxis des assistierten Suizids den Hauch des Todes in unsere Atmosphäre einschleuse, ist eine derart überzogene Behauptung, dass sich der Verfasser zum Schutz seines wissenschaftlichen Rufs mit zwei Relativierungen gegen Kritik zu schützen sucht.

Erstens warnt er vor einem gesellschaftlichen Klima, das „sukzessive" entstehe. Gegen den Einwand, weit und breit sei vom Hauch des Todes nichts zu spüren, kann der Verfasser stets darauf verweisen, das von ihm beschworene Klima komme ja auch erst „sukzessive".

Zweitens stellt Professor Bauer nicht etwa die plumpe Behauptung auf, Menschen würden moralisch unter Druck gesetzt. Nein. Feinsinnig warnt er davor, dass „sich ältere und chronisch kranke Menschen subtil moralisch unter Druck gesetzt fühlen können, den eigenen Tod wünschen zu sollen." Auch für diesen verschachtelten Satz braucht der Verfasser nie einen Beweis anzutreten, denn im Zweifelsfall ist der Druck derart „subtil", dass er sich der menschlichen Wahrnehmung entzieht – genau wie das neueste Kleid des Kaisers bei H. C. Andersen.

2) Aktive Sterbehilfe

Unter dem Motto „Engagiert für das Leben" feierte das Katholische Männerwerk des Dekanats Tuttlingen-Spaichingen im Sommer 2011 sein traditionelles Glaubensfest. Nach frühmorgendlicher Wallfahrt auf den Dreifaltigkeitsberg (in Begleitung von Diakon Dr. Paulus) und festlichem

Gottesdienst hielt oben auf dem Berg Ordinariatsrätin Dr. Irme Stetter-Karp eine Ansprache an die gläubigen Männer. In Anwesenheit von Volker Kauder, dem Vorsitzenden der CDU/CSU-Bundestagsfraktion sprach sie über Abtreibung, Kinderarmut, die Umverteilung von unten nach oben und über Sterbehilfe. Aufgabe der Kirche sei es, Kritik zu üben. Leider sei die öffentliche Meinung beim Thema der aktiven Sterbehilfe gekippt. Die schweizerische Organisation Dignitas arbeite hier aggressiv gegen die besorgte Abwehr der Kirche.[28]

Jeder militärisch Interessierte wird die Besorgnis der abwehrbereiten Kirche teilen, denn der Dreifaltigkeitsberg, auf dem die Ordinariatsrätin ihre Brandrede hielt, ist von der Schweizer Grenze nur 40 km entfernt. Wo es den eidgenössischen Aggressoren bereits gelungen ist, die deutsche Stimmung zum Kippen zu bringen, bedarf es nun höchster Wachsamkeit des Männerwerks und anderer katholischer Kampfverbände im Dekanat Tuttlingen-Spaichingen! Vielleicht wird der Dreifaltigkeitsberg, 983 Meter ü. NN, dereinst als Bollwerk der Ethik in die deutsche Geschichte eingehen.

Wenn es ums ethisch Ganze geht, um Sein oder Nichtsein unseres deutschen Volkes im Zeichen der Schweizer Bedrohung, kann es schon passieren, dass Kleinigkeiten aus dem Blick geraten: Bei aller Aggressivität ist Dignitas noch nie dabei erwischt worden, wie seine Sterbehelfer-Banden in deutsche Seniorenheime ausschwärmen. Dignitas leistet Sterbehilfe ausschließlich auf Schweizer Territorium, und dorthin werden gebrechliche Deutsche bislang nicht verschleppt.

Vor allem aber hat Dignitas nichts zu tun mit aktiver Sterbehilfe. „Aktive Sterbehilfe" – Synonym für „Tötung auf Verlangen"[29] – ist sowohl in Deutschland (§ 216 StGB) als auch in der Schweiz (Art. 114 StGB) strafbar. Weder in Deutschland noch in der Schweiz gibt es irgendeine ernsthafte Forderung, aktive Sterbehilfe straflos zu stellen, also gibt es dazu auch keine öffentliche Debatte. Die Behauptung von Ordinariatsrätin Dr. Irme Stetter-Karp, in Deutschland sei „die öffentliche Meinung beim Thema der aktiven Sterbehilfe gekippt", muss der Höhenluft des Dreifaltigkeitsbergs entspringen.

Allerdings wird man bisweilen auch in der dickeren Luft deutscher Niederungen mit „aktiver Sterbehilfe" konfrontiert, jedenfalls dann, wenn man sich in der Nähe der Kanzlerin aufhält. Denn bei diesem Thema ist sie Fels in der Brandung (oder das Thema ist Fels in der Meinungs-Brandung der Kanzlerin). Landauf landab streitet sie gegen „aktive Sterbehilfe"[30] und steht insoweit ganz auf dem Boden des CDU-Grundsatzprogramms, in dem es heißt: „Aktive Sterbehilfe lehnen wir ab."[31]

Auf demselben Boden desselben Grundsatzprogramms beschloss die Senioren-Union, mit 57.000 Mitgliedern die zweitgrößte Vereinigung innerhalb der CDU, im Juli 2011 das Manifest „Kultur des Lebens".[32] Nach der ängstlichen Eingangsfrage „Deutschland ist ein christlich geprägtes Land, aber wie lange noch?" endet das Manifest in glaubensstark-kämpferischem Ton: „CDU und Kirche stehen bei der Ablehnung aktiver Sterbehilfe fest Seite an Seite."

Hatten nicht auch die Ostblock-Staaten bis zum Schluss „fest Seite an Seite" gestanden? Die Sowjetunion ist 69 Jahre alt geworden, die CDU wird bald gleichziehen. Seite an Seite mit der katholischen Kirche will sie die christliche Prägung unseres Vaterlandes verteidigen gegen innere Zersetzung und Bedrohung aus den Alpen. Doch ist die Waffenbrüderschaft von Kirche und CDU eine recht einseitige Anhänglichkeit.

Von Wahlverlust zu Wahlverlust klammert sich die CDU zunehmend an das „C" im Namen. Nachdem sich alle Parteien in ihren politischen Zielen und im fehlenden Charisma ihrer Führer immer ähnlicher werden, betont die CDU den christlich-jüdisch-abendländischen Wertekanon als letztes Alleinstellungsmerkmal. Was immer sich hinter diesem Kanon verbergen mag, dauerhaft-unerschütterliche Werte sind es längst nicht mehr, die da beschworen werden. Warum sollte eine Kanzlerin, die sich binnen Stunden von jahrzehntelanger Energiepolitik verabschiedet, bei ethischen Prinzipien standhafter sein? Niemand würde sich mehr wundern, wenn die CDU plötzlich *für* aktive Sterbehilfe einträte, falls sie sich davon einen Zuwachs an Wählerstimmen verspräche.

Mit solch weltlich-politischer Beliebigkeit hat die katholische Kirche in zweitausend Jahren gelernt, souverän umzugehen: Man heißt den CDU/CSU-Fraktionsvorsitzenden auf dem Dreifaltigkeitsberg willkommen und knüpft gleichzeitig enge Kontakte zum Grünen-Katholiken Winfried Kretschmann, dem neuen Ministerpräsidenten Baden-Württembergs.

Wenn Papst Benedikt XVI. eine „feste und beständige ethische Verurteilung jeder Form von aktiver Sterbehilfe" ausspricht und sich dabei auf „jahrhundertelange Lehre der katholischen Kirche" beruft,[33] dann wird selbst der schärfste Papstkritiker nicht daran zweifeln, dass auch ein künftiger Papst in hundert oder fünfhundert Jahren aktive Sterbehilfe immer noch mit derselben Schärfe verurteilt.

Das Erfolgsrezept der katholischen Kirche ist die instinktsichere Verbindung von Prinzipientreue mit Flexibilität im Detail. Im Jahr 2007 begründete der Papst seine Ablehnung aktiver Sterbehilfe mit dem – derzeit gängigen – Argument, es sei „zu befürchten, dass eines Tages ein unterschwelliger oder auch erklärter Druck auf schwerkranke und alte Menschen ausgeübt werden könnte, um den Tod zu bitten oder ihn sich selbst zu geben. Die richtige Antwort auf das Leid am Ende des Lebens ist Zuwendung, Sterbebegleitung und nicht aktive Sterbehilfe."[34]

Sollte der Papst das Jahr 2017 erleben, wird er aktive Sterbehilfe unverändert scharf verurteilen, allenfalls mit angepasster, zeitgemäßer Begründung. Sollte die CDU das Jahr 2017 erleben, wird sie immer noch die Kanzlerin stellen wollen. Mehr lässt sich zur CDU nicht prognostizieren.

Da sich der Papst persönlich zu aktiver Sterbehilfe äußert, ist es für die niederen Chargen selbstverständliche Pflicht, sich ebenfalls des Themas anzunehmen. So forderte Alois Glück, Präsident des Zentralkomitees der deutschen Katholiken, mehr Engagement für Palliativmedizin und Hospize als „Antwort auf die Forderung nach aktiver Sterbehilfe".[35] Bischof Friedhelm Hofmann nannte „die aktive Sterbehilfe des Hamburger Ex-Justizsenators Roger Kusch an einer 79-jährigen Frau aus Würzburg skandalös und menschenverachtend."[36] Und die beiden markigsten Formulierungen stammen – wie üblich – von Kardinal Joachim Meisner: „Mit der aktiven Sterbehilfe töten wir auch die Menschlichkeit. Aktive Sterbehilfe folgt der Logik des Todes."[37]

Diese Wortgewalt ist Protestanten nicht gegeben. Dafür sind sie besonders fleißig. Unablässig lehnte Bischöfin Margot Käßmann als EKD-Ratsvorsitzende aktive Sterbehilfe ab.[38] Das hatte sie schon vor ihrem Ratsvorsitz getan.[39] Und auch nach dem Verlust von Rats- und Bischofswürde setzte sie ihren emsigen Kampf gegen aktive Sterbehilfe fort.[40] Dabei steht Margot Käßmann in lückenloser EKD-Tradition: Ihr Vorgänger Bischof Huber war gegen aktive Sterbehilfe,[41] und ihr Nachfolger Präses Schneider ist es auch.[42]

Die Ärzteschaft bedient sich derselben Rhetorik, allerdings etwas differenzierter als die Kirchen. Jörg-Dietrich Hoppe, nunmehr Ehrenpräsident der Bundesärztekammer (siehe auch S. 96) bezeichnet aktive Sterbehilfe zutreffend als „mit Strafe bedroht"[43] und „rechtlich verboten"[44] und verwendet sie sodann als Synonym für Suizidassistenz,[45] obwohl er weiß, dass Suizidassistenz weder mit Strafe bedroht noch rechtlich verboten ist.

Die gesellschaftspolitische Debatte um „aktive Sterbehilfe" in Deutschland hätte es längst verdient, in einer Soziologie-Dissertation analysiert zu werden, denn die Schlachtordnung ist einzigartig: Alle gesellschaftlich relevanten Gruppen kämpfen vereint *gegen* aktive Sterbehilfe, weit und breit ist aber kein Gegner in Sicht; niemand tritt *für* aktive Sterbehilfe ein. Ist „aktive Sterbehilfe" vielleicht gar keine ethische Idee, *um die* gekämpft wird, sondern ein mythischer Drache, der *höchstselbst* mit Speer und Schwert zur Strecke gebracht werden muss?

34

Wechseln wir von den Nibelungen zur Deutschen Bahn. Ein Kölner besucht seine Berliner Freundin und antwortet auf deren Frage, wie er hergekommen sei: „Mit dem ICE". Was will er damit sagen? Dass er weder mit dem Auto gefahren ist noch ein Flugzeug genommen hat. Das ist der eine Teil der Antwort, der andere bezieht sich auf die verschiedenen Bahn-Angebote. Er stellt in seiner Antwort klar, welche der drei Bahn-Angebote (Regionalexpress / IC / ICE) er genutzt hat. Wäre ihm diese Differenzierung nicht wichtig gewesen, hätte er geantwortet: „Mit der Bahn."

Setzt der Kölner das Gespräch mit der Aussage fort „Die ICE-Sitze sind heute viel bequemer als früher", weiß die Berlinerin abermals genau, worum es ihrem Freund geht: um den Komfort in ICEs generell und nicht nur um den ICE, der ihn nach Berlin gebracht hat. Will die Freundin seine Meinung speziell zu diesem ICE wissen, muss sie gesondert fragen.

Bittet ein Schwerkranker seinen Arzt, ihm weitere Leiden durch „Sterbehilfe" zu ersparen, ist für beide Seiten klar, was gewollt ist: Verzicht auf lebensverlängernde Therapie und zusätzlich – allein der Entscheidung des Arztes überlassen – mögliche lebensverkürzende Aktivitäten. Wie der Terminus „Bahn" ist „Sterbehilfe" zwar ein Sammel-Ausdruck, begrifflich aber gleichwohl eindeutig: Er beschreibt ein nicht konkretisiertes, in der Zielrichtung jedoch unmissverständliches Handeln oder Unterlassen des Arztes, erspart dem Patienten allerdings die Erörterung belastender Details.

Bittet der Patient seinen Arzt um „aktive Sterbehilfe", ist das Gewollte wiederum eindeutig: Der Arzt soll eine tödliche Spritze geben.

Kommen wir zurück zu Papst Benedikt XVI. und seiner „Verurteilung jeder Form von aktiver Sterbehilfe" und fügen ein Zitat der Kanzlerin hinzu, die auf dem 9. Deutschen Seniorentag gesagt hatte, ihr sei sehr daran gelegen, „dass wir jeder Art von aktiver Sterbehilfe ein klares Nein entgegenschmettern"[46] – dann verstehen Papst und Kanzlerin unter „aktiver Sterbehilfe" jedenfalls etwas anderes als der Patient, der seinen Arzt um die tödliche Spritze bittet.

Die Verurteilung *jeder Form (Art)* von aktiver Sterbehilfe erscheint genauso absurd, als wenn der Kölner seiner Berliner Freundin gesagt hätte, er reise ausschließlich mit dem ICE, weil er *jede Art von IC* unkomfortabel finde. So wie es nur *eine Art* von IC gibt, gibt es auch nur *eine Art* von „aktiver Sterbehilfe", nämlich Tötung auf Verlangen, strafbar nach § 216 StGB.

Es gibt keine ernsthafte Stimme, diese Strafnorm zu ändern oder gar abzuschaffen; über § 216 StGB wird in Deutschland nicht diskutiert. Lebhaft umstritten ist allerdings der ärztlich assistierte Suizid, die fachkundige Beihilfe zur Selbsttötung.

Im März 2008 war ein Injektionsautomat öffentlich vorgestellt worden, der es einem Suizidwilligen ermöglicht, sich selbst eine tödliche Injektion zu verabreichen. Im Juni desselben Jahres war über den ärztlich assistierten Suizid einer Rentnerin aus Würzburg berichtet worden. Beide Ereignisse – wiewohl im Einklang mit der deutschen Rechtsordnung – stießen auf scharfe, geradezu empörte Kritik von Funktionären aus Politik, Kirchen und Ärzteschaft.

Die Bevölkerung war und ist ganz anderer Meinung. Sämtliche Meinungsumfragen der letzten Jahre belegen breite Zustimmung zur Suizidassistenz.[47]

Um die Diskrepanz zwischen öffentlicher und veröffentlichter Einstellung zum assistierten Suizid zu kaschieren, greifen die Funktionärs-Kritiker zu einem schlichten, durch stete Wiederholung aber wirkungsvollen sprachlichen Trick: Immer wenn sie assistierten Suizid meinen, sagen sie „aktive Sterbehilfe" und tauchen so rechtlich zulässige Suizidassistenz ins kriminelle Licht strafbarer Tötung auf Verlangen.

Besonders deutlich wird diese Rhetorik im N24-Sommerinterview der Kanzlerin vom 2. Juli 2008.[48] Frage von N24: „Es gibt einen aktuellen Fall, der im Moment die Deutschen bewegt, und das ist der Fall der Selbsttötung und zwar angeleiert, kann man schon fast sagen, von Herrn Kusch, dem ehemaligen Justizsenator in Hamburg. Wie stehen Sie zu diesem Fall?" Antwort Kanzlerin Merkel: „Ich bin absolut gegen jede Form der aktiven Sterbehilfe, in welchem Gewand sie auch immer daherkommt."

Was würde die Berlinerin wohl von ihrem Kölner Freund halten, wenn der sagen würde: „Ich fahre stets ICE, weil ich jede Art von IC unkomfortabel finde, in welchem Gewand er auch immer daherrollt."

Ob der Papst oder die Kanzlerin, ob die geistlichen oder die weltlichen Hilfstruppen: Es gelingt ihnen nicht, die Bevölkerung von der Verwerflichkeit ärztlich assistierten Suizids zu überzeugen, also bleibt ihnen nur, Suizidassistenz in ständiger Wiederholung als kriminelle „aktive Sterbehilfe" zu diffamieren.

3)   Euthanasie

Am 11. Oktober 2005 äußerte sich der Autor dieses Buches noch als Hamburger Justizsenator erstmals öffentlich zum Thema Sterbehilfe. In einem Beitrag für das Hamburger Abendblatt schrieb er: „Verantwortungsvolle, mitfühlende Sterbehilfe ist für mich kein Verstoß gegen humane Grundwerte, sondern ein Gebot christlicher Nächstenliebe."[49]

Dieser Vorstoß weise „in eine rechtlich wie moralisch inhumane Richtung," meinte daraufhin der Erzbischof von München und Freising, Kardinal Friedrich Wetter. „Die von dem Hamburger Justizsenator Roger Kusch neu angestoßene Euthanasie-Debatte" zeige, dass es notwendig sei, „beharrlich und offensiv eine christliche Antwort zu geben, einen rechtlich und moralisch nachdrücklich begründeten Widerspruch und wenn es sein muss, auch einen zivilen Ungehorsam zu leisten."[50]

Wenn die Euthanasie-Debatte im Herbst 2005 „neu" angestoßen worden war, musste sie also älteren Ursprungs sein. Wann war denn schon einmal über Euthanasie debattiert worden? Meinte der Erzbischof von München und Freising vielleicht das Dritte Reich? Ziviler Ungehorsam heute so notwendig wie damals?

Der Hamburger Erzbischof Werner Thissen wurde deutlicher. Im Interview mit Radio Vatikan sagte er:[51] „Es war für mich wie ein Schock. Ich komme gerade aus Rom von der Seligsprechung von Clemens August Kardinal von Galen, der gegen Euthanasie gefochten hat und hier ist das auf einmal ein Thema."

Aha. Die Forderung des Hamburger Justizsenators also identisch mit der Euthanasie, gegen die Kardinal von Galen gefochten hatte –

Was ist Euthanasie?

Illustrirtes Konversations-Lexikon (1887):[52] [griech.], Todeslinderung, das Verfahren der Ärzte, den als unvermeidlich erkannten Tod für den Kranken möglichst schmerzlos zu machen. Es besteht besonders in der Anwendung betäubender Mittel, zweckmäßiger Lagerung, Fernhaltung jeder äußeren Störung u.s.w.

Duden (1976):[53] [griechisch euthanasía = leichter Tod] **1.** (Medizin) **a)** Erleichterung des Sterbens, insbesondere durch Schmerzlinderung mit Narkotika; **b)** beabsichtigte Herbeiführung des Todes bei unheilbar Kranken durch Anwendung von Medikamenten: „Unter den 40 Unterzeichnern eines Aufrufs zu einer ‚gütigen Euthanasie' oder einem Gnadentod für hoffnungslos kranke Menschen…sind drei Nobelpreisträger" [Mannheimer Morgen 20. 6. 1974 Seite 15]. **2.** (nationalsozialistisch verhüllend) Vernichtung des für lebensunwert erachteten Lebens.

Wer in Deutschland das Wort „Euthanasie" hört, denkt nicht an Medizin, sondern ans Dritte Reich, an den Massenmord von Kranken und Behinderten, den die Nazis mit dem – bis dato unbelasteten – Wort „Euthanasie" hatten kaschieren wollen. Diese nationalsozialistisch-verhüllende

Wortbedeutung dominiert in Deutschland so sehr, dass sie im Duden durchaus als erste genannt werden müsste.

Zwei beliebige Beispiele für diesen allgemein üblichen Sprachgebrauch sind Kindlers Kulturgeschichte Europas:[54] „Hitlers und Himmlers Euthanasiemaßnahmen, die an den Insassen von Krankenhäusern und Altersheimen praktiziert wurden" und der SPIEGEL Nr. 8/1964 mit der Titel-Story „Euthanasie-Prozess Heyde-Sawade."

Nicht anders die Rechtswissenschaft. Im Standard-Lehrbuch „Strafrecht Allgemeiner Teil" schreibt Jürgen Baumann zur schuldausschließenden Güter- und Pflichtenkollision:[55] „Bekanntestes Beispiel sind die nach dem Kriege abgeurteilten Euthanasiefälle, bei denen Anstaltsärzte in Befolgung des von Hitler erteilten Euthanasiebefehls Tausende von Geisteskranken töten ließen. Hätten sich diese Ärzte der Ausführung dieses Befehls entzogen, so wären andere Ärzte an die Stelle getreten, die vielleicht eine weitaus größere Zahl von Geisteskranken der Ermordung preisgegeben hätten."

Aktueller Sprachgebrauch

Aufschlussreich ist das Euthanasie-Verständnis in drei neueren Publikationen mit wissenschaftlichem Anspruch:

2008 erschien die philosophisch-theologische Dissertation von Michael Frieß mit dem Titel „Komm süßer Tod – Europa auf dem Weg zur Euthanasie?" Zu Beginn erklärt Frieß die Herkunft des Euthanasie-Begriffs, der im 5. Jahrhundert v. Chr. aus einer Verbindung der beiden griechischen Worte „eu = gut" und „thanatos = Tod" entstanden sei. Ungeachtet dieser ursprünglichen Wortbedeutung spricht Frieß wie selbstverständlich von den „Euthanasie-Morden im Dritten Reich"[56] und der „Kindereuthanasie in Sparta, bei der alle schwächlichen und behinderten Kinder getötet wurden."[57] Sodann wird der aktuelle „deutsche Euthanasie-Diskurs"[58] erwähnt, was den Eindruck erweckt, als gebrauche der Autor „Euthanasie" und „Sterbehilfe" synonym, schließlich will Frieß „Euthanasie" auf „aktive Sterbehilfe" begrenzen.[59] Dieser Wirrwarr zeigt nicht nur, dass das Niveau von Dissertationen von mehr abhängt als von korrekter Zitierweise, sondern auch, dass in Deutschland jeder unter „Euthanasie" verstehen kann, was er will: vom Massenmord bis hin zur legalen Sterbehilfe.

2009 erschien der Sammelband „Ethik und Erinnerung"[60], in dessen Vorwort der Leser erfährt, der Band wage einen Brückenschlag. Er erweitere die historische Euthanasie-Debatte um aktuelle Diskurse. Was mit dieser „Erweiterung" gemeint ist, zeigt sich gleich im ersten Aufsatz, der aus der historischen Euthanasie-Debatte „deutliche Argumente gegen die aktive Euthanasie heute" ableitet.[61] Wo es eine aktive Euthanasie gibt, muss es auch eine passive geben, das heißt, dass auch in diesem Sammelband „Euthanasie" und „Sterbehilfe" synonym gebraucht werden.

2010 schließlich erschien ein umfangreicher Sammelband mit dem Titel „Die nationalsozialistische ‚Euthanasie'-Aktion ‚T4' und ihre Opfer", der sich mit der „euphemistisch als ‚Euthanasie' bezeichneten Vernichtung so genannten lebensunwerten Lebens durch das NS-Regime"[62] befasst. Auf über 450 Seiten erfährt man viele Details über den NS-Massenmord an Behinderten und Kranken, aber keinen einzigen Hinweis auf den Urheber des Euphemismus.

Der Euthanasiebefehl Hitlers

Adolf Hitler verfasste im Oktober 1939 auf Privatpapier ein formloses Schreiben,[63] das auf den Tag des Kriegsbeginns zurückdatiert war:

[Hakenkreuzwappen des Führers]   *Berlin, den 1. Sept. 1939.*
Adolf Hitler

Reichsleiter B o u h l e r und
Dr. med. B r a n d t
sind unter Verantwortung beauftragt, die Befug-

nisse namentlich zu bestimmender Ärzte so zu er-
weitern, dass nach menschlichem Ermessen unheilbar
Kranken bei kritischster Beurteilung ihres Krank-
heitszustandes der Gnadentod gewährt werden kann.
                    [Unterschrift:] Adolf Hitler

Auf dem Schreiben vermerkte Reichsjustizminister Dr. Franz Gürtner handschriftlich: *Von Bouhler mir übergeben am 27. 8. 40*, was darauf hindeutet, dass Hitlers formloses Schreiben für die Organisation des Massenmordes erhebliche Bedeutung hatte.

Das Wort „Euthanasie" taucht in Hitlers Schreiben nicht auf.

Kardinal von Galen und seine Euthanasiepredigt

Kardinal Clemens August Graf von Galen (geboren 1878) war von 1933 bis 1945 Bischof von Münster und ist der bekannteste Exponent katholischen Widerstands gegen das Dritte Reich. Berühmt sind seine drei Predigten vom Sommer 1941, in denen er in scharfen Worten die Beschlagnahme von Klöstern und die Vertreibung der Ordensleute durch die Gestapo geißelte. Er nahm dabei in Kauf, verhaftet und hingerichtet zu werden. Dass er verschont blieb, verdankte er seiner Beliebtheit in Münster und der Sorge der NSDAP-Reichsführung, seine Verhaftung könnte Unruhen der Münsteraner Bevölkerung auslösen.

In seiner dritten Predigt, gehalten am 3. August 1941 in der St. Lambertikirche in Münster, sprach von Galen außer vom Unrecht an katholischen Klöstern auch über die Tötung „unproduktiver" Mitmenschen, über die Vernichtung „lebensunwerten" Lebens. Ausführlich schilderte er den Abtransport Behinderter aus Pflegeheimen und die Benachrichtigung der Angehörigen: Der Kranke sei verstorben, die Leiche sei verbrannt, und die Asche könne abgeliefert werden. Bischof von Galen berichtete in seiner Predigt, er habe bei der Staatsanwaltschaft Münster Anzeige wegen Mordes nach § 211 Reichsstrafgesetzbuch erstattet. Er sagte: „Wehe unserem deutschen Volk, wenn das heilige Gottesgebot: ‚Du sollst nicht töten!‘ nicht nur übertreten wird, sondern wenn diese Übertretung sogar geduldet und ungestraft ausgeübt wird!“[64]

In der Predigt Bischof von Galens taucht das Wort „Euthanasie“ nicht auf.

Euthanasie: NS-Euphemismus…

In der Schule haben wir gelernt, was der Duden von 1976 als zweite Bedeutung nennt: Die Nazis haben ihren Massemord an Kranken und Behinderten mit dem Wort „Euthanasie“ kaschiert. Seit Jahrzehnten gehört diese Bedeutung des Wortes „Euthanasie“ zum Grundwortschatz in Deutschland. Da nun aber in den beiden wichtigsten Dokumenten aus der Zeit des Dritten Reichs, im Euthanasiebefehl Hitlers und in der Euthanasiepredigt Kardinal von Galens das Wort „Euthanasie“ gar nicht vorkommt – Hitler spricht von „Gnadentod“ und von Galen von „Mord“ – könnte es sein, dass wir in der Schule Falsches gelernt haben.

Zum sprachlichen Kaschieren der Behindertenmorde hätte die NS-Propaganda nur Anlass gehabt, wenn die Tötungshandlungen von den ausführenden Anstalten oder anderen staatlichen Institutionen öffentlich bekannt gemacht oder eingeräumt worden wären. Nur dann hätte es nahe gelegen, die Morde als „Gnadentod“, „Erlösung“ oder „Euthanasie“ zu verbrämen. So war es aber nicht. Keine staatliche NS-Instanz, die mit den Morden zu tun hatte oder von ihnen wusste, hat das Tötungs-Geschehen je öffentlich eingeräumt.

Im Gegenteil: Es wurde erheblicher Aufwand betrieben, jeden einzelnen Mord als natürlichen Tod erscheinen zu lassen. In den sechs Tötungsanstalten Grafeneck, Brandenburg, Bernburg, Hartheim, Sonnenstein und Hadamar gab es eine „Trostbrief-Abteilung“,[65] in der zu jedem einzelnen Mordfall ein individuelles Schreiben angefertigt wurde, mit dem die Angehörigen über die Umstände des vermeintlich krankheitsbedingten

Todesfalles informiert wurden. Zur Vorbereitung der Trostbriefe wurden in der „Absteck-Abteilung" Todestage und -orte so verfälscht, dass auffällige Häufungen, aus denen Angehörige hätten Verdacht schöpfen können, vermieden wurden.

Dieser große Aufwand, mit dem ca. 70.000 Morde als individuell verschiedene, natürliche Todesfälle inszeniert wurden, ist unvereinbar mit der weit verbreiteten Ansicht, die Nazis hätten ihre Mordaktion als „Euthanasie" kaschiert.

Gegen diese Ansicht spricht auch die Form, in der Hitler seinen Euthanasiebefehl vom 1. September 1939 zu Papier gebracht hatte. Neben all dem Ungeheuerlichen, was bis Kriegsbeginn schon im Reichsgesetzblatt abgedruckt worden war, z.B. zur Entrechtung der Juden, wäre eine amtlich veröffentlichte „Gnadentod"-Verordnung kein besonders aufsehenerregender Hinweis auf die verbrecherischen Absichten des Regimes gewesen. Dass statt des rechtsförmlich üblichen Wegs ein formloses Schreiben gewählt wurde, ist nur damit zu erklären, dass die Schreibtischtäter in Berlin von Anfang an beabsichtigt hatten, ihre Mordaktion vor der deutschen und der internationalen Öffentlichkeit vollständig verborgen durchzuführen. Zu solcher Heimlichkeit hätte es nicht gepasst, eine öffentliche „Euthanasie"-Propaganda zu inszenieren.

Die zweite Erläuterung im Duden von 1976 erweist sich als falsch: Euthanasie ist keine Nazi-Vokabel zur Verbrämung des Behinderten-Massenmords.

Bestätigt wird dieser Befund durch die Euthanasiepredigt Kardinal von Galens. Im August 1941, als er die Predigt hielt, neigte sich die zentral organisierte Ermordung Kranker und Behinderter bereits ihrem Ende entgegen, sodass für die Organisatoren ab dem Herbst 1941 kein Anlass mehr bestand, sich mit dem sprachlichen Kaschieren ihrer Untaten zu befassen. Dass bis zum Herbst 1941 „Euthanasie" kein Terminus der Nazi-Propaganda war, ergibt sich aus der wortgewaltigen Predigt von

Galens: Wäre „Euthanasie" 1941 bereits eine allgemein gebräuchliche Massenmord-Metapher gewesen, hätte er dieses Wort aufgegriffen, um seinen Zuhörern den Sachverhalt so deutlich wie möglich zu machen. In seiner Predigt vom 3. August 1941 sprach von Galen mehrfach von Mord und kein Mal von Euthanasie. Gleichwohl wird diese Predigt üblicherweise als „Euthanasiepredigt" bezeichnet.[66]

… oder Symbol kollektiver Nachkriegs-Scham?

Nicht die Nazis haben den Euthanasie-Begriff zur Verbrechens-Verbrämung umgedeutet. Die Gleichsetzung von Euthanasie mit dem NS-Massenmord begann erst nach dem Krieg. Und zwar in einer Intensität, dass sich dieser Sprachgebrauch bereits im Jahr 1949 als allgemein üblich durchgesetzt hatte, wie der Tübinger Grafeneck-Prozess zeigt.

In der Vernichtungsanstalt Grafeneck – einem ehemals evangelisch geführten „Krüppelheim"[67] – wurden in den Jahren 1940/41 insgesamt 10.654 Menschen ermordet. Im Juni 1949 mussten sich acht Angeklagte – Ärzte, Pfleger und Kriminalbeamte – vor dem Schwurgericht Tübingen für den Massenmord verantworten.

Im Urteil vom 5. Juli 1949 billigte das Schwurgericht den Angeklagten übergesetzlichen Notstand zu. Im Grunde seien sie zu bedauern, sie seien in die Verbrechen „hineingelogen" worden. Als höchste Strafe wurde der hauptangeklagte Arzt zu 5 Jahren Gefängnis verurteilt, fünf Angeklagte wurden freigesprochen. Immerhin verwahrte sich das Gericht gegen den Schriftsteller und Gerichtsreporter Hermann Mostar, der sich in Radio Stuttgart gegen jegliche Verurteilung der Angeklagten gewandt hatte.

Die Schwäbische Zeitung / Landesüberblick berichtete – wie selbstverständlich – über den Grafenecker „Euthanasieprozess", und das Gericht gebrauchte den Terminus sogar in der Urteilsbegründung: Es verurteilte die frühere Obermedizinalrätin Dr. Martha Fauser wegen drei Verbrechen des Totschlags „in der Form der Einzeleuthanasie" zu 18 Monaten Gefängnis.[68]

Über die Gründe für diese Nachkriegs-Umdeutung des Wortes „Euthanasie", die unsere Sprache bis heute prägt, lässt sich nur spekulieren. Als plausibelste Erklärung erscheint der kollektive Wunsch nach Verdrängung der eigenen Scham. Die Schrebergärtner-Mitläufer wollten sich nach dem Krieg nicht mehr daran erinnern, wie sie beim Unkrautjäten in den Jahren 1940 und 1941 den Gestank aus den nahe liegenden Schornsteinen nicht hatten überriechen können.

Es war ja nicht alles schlecht – dass auf den Autobahnen auch Juden in die Vernichtungslager transportiert worden waren, konnte den deutschen Stolz auf diese Straßenbau-Errungenschaft nicht schmälern. Nach demselben Muster war das Wort „Euthanasie" ein schönes Trostpflaster für peinliche Mitwisserschaft. Der einzelne Volksgenosse konnte ja nichts dafür, dass die da oben in Berlin den guten Gedanken der Euthanasie für NS-Zwecke missbraucht hatten.

So oder ähnlich kam es zur Geschichtsklitterung nach dem Krieg. „Euthanasie ist kein Begriff aus dem Unmenschlichkeitsvokabular des Dritten Reiches."[69] Schon in der Ausgabe Nr. 8/1964 war der SPIEGEL zu dieser Erkenntnis gekommen, wählte für die Titelgeschichte aber gleichwohl die Überschrift „Euthanasie-Prozess Heyde-Sawade." Im Artikel stand: „Die sogenannte Euthanasie-Aktion Hitlers zwischen 1939 und 1941 hat im Grunde mit dem, was ernsthaft als Euthanasie diskutiert wurde, lediglich die Bezeichnung gemeinsam." Diese Kritik hinderte den SPIEGEL aber nicht, den kritisierten Sprachgebrauch im eigenen Artikel zu übernehmen, und dadurch die Umdeutung des Euthanasie-Begriffs im deutschen Sprachalltag weiter zu verfestigen.

Die doppelte Umdeutung des Euthanasie-Begriffs

Im Anschluss an diese Nachkriegs-Umdeutung, die den harmlosen Terminus „Euthanasie" zur Metapher für Massenmord pervertierte, kam es zu einer zweiten – nicht weniger verwerflichen – Mutation.

Die Gegner des Selbstbestimmungsrechts, allen voran die katholische Kirche, führten den Terminus „Euthanasie" als Kampfbegriff in die Sterbehilfe-Diskussion ein. Damit transportierten sie die Massenmord-Metapher in die aktuelle Auseinandersetzung um Suizidassistenz. Das Ziel war dasselbe wie bei der „aktiven Sterbehilfe": Durch ständige Wiederholung sollte zulässige Sterbehilfe in ein kriminelles Licht getaucht werden.

Allerdings ist die Diffamierungs-Wirkung von „Euthanasie" deutlich größer als bei „aktiver Sterbehilfe", denn letztere klingt spröde-juristisch und ist nur für Eingeweihte als Kennzeichnung einer Straftat verständlich. „Euthanasie" hingegen ist Teil der Alltagssprache. Jeder denkt bei diesem Wort an die schlimmsten Auswüchse des NS-Verbrecherstaates.

So ist es kein Wunder, dass in katholischen Schriften und Stellungnahmen zur Diffamierung des Selbstbestimmungsrechts und der Suizidassistenz fast ausschließlich von „Euthanasie" die Rede ist. Das Wort „Sterbehilfe" ist aus dem katholischen Wortschatz weitgehend eliminiert. Die Enzyklika Evangelium vitae von Papst Johannes Paul II. (siehe unten S. 50) ist nur ein Beispiel von vielen, wenn auch ein besonders eindrucksvolles. Gelegentlich findet sich der Terminus sogar in den Überschriften katholischer Traktate: Ein Hirtenwort der Deutschen Bischöfe von 1975 trägt den Titel „Das Lebensrecht des Menschen und die Euthanasie",[70] und eine Äußerung der Glaubenskongregation von 1980 heißt schlicht „Erklärung zur Euthanasie".[71] Besonders reizvoll an dieser Erklärung ist ihre Unfehlbarkeit, weil sie von Papst Johannes Paul II. approbiert wurde (siehe hierzu unten S. 63)

Nicht gänzlich unfehlbar, aber doch mit großer Autorität innerhalb der katholischen Kirche in Deutschland, sah der Kölner Kardinal Joachim Meisner bereits 2002 Europa aus den Fugen geraten, wo Euthanasie, Homo-Ehe und ähnliche Irrwege zur Normalität würden: „Das gibt es doch bei keinem Tier!"[72] Im selben Jahr prognostizierte er, „dass die Gesellschaft in eine Inhumanität versinken wird, die bis zur Euthanasie zu gehen droht."[73] Bei der Bibelarbeit auf dem Evangelischen Kirchentag

2007 in Köln nannte er Euthanasie „ein Attentat auf die Heiligkeit Gottes.“[74] Im Jahre 2008 machte er sich erneut Sorgen um Europa und dessen „geistige Selbstverstümmelung“: Euthanasie sei für die menschliche Gesellschaft tödlich.[75]

Mit weniger Schärfe, aber mehr Autorität äußerte sich Seine Heiligkeit Papst Benedikt XVI. zum Weltfriedenstag am 1. Januar 2007: „Was das Recht auf Leben betrifft, so ist es geboten, die Marter anzuprangern, die ihm in unserer Gesellschaft zugefügt wird: das lautlose Sterben durch Hunger, Abtreibung, Experimente an Embryonen und durch Euthanasie. Muss man nicht in alldem einen Angriff auf den Frieden sehen?“[76] Bei anderer Gelegenheit warnte Benedikt XVI. vor einem utilitaristischen Menschenbild. Eine solche Sicht setze „besonders Alte und sozial Schwache unter einen Euthanasie-Druck.“[77]

Dass terminologische Diffamierung kein ausschließlich katholisches Stilmittel ist, zeigt die Karfreitagspredigt, die der evangelische Landesbischof von Bayern im Jahre 2011 in Ansbach hielt:[78] „Das Kreuz verpflichtet uns, für menschliches Leben einzustehen, wo immer es gefährdet ist. Durch Krieg und Folter, durch Todesstrafe und Terror, durch Euthanasie oder schon vor der Geburt.“ Das hätte auch vom Vatikan kommen können: Suizidassistenz auf derselben sittlichen Stufe wie Folter, Todesstrafe und Terror.

Welche Agitationsmöglichkeiten der doppelt umgedeutete Euthanasie-Begriff im Kampf gegen das Selbstbestimmungsrecht bietet, zeigt ein Vortrag des Arztes und Bestsellerautors Manfred Lütz, Direktoriumsmitglied der Päpstlichen Akademie für das Leben: Zunächst äußert er sich zur niederländischen Euthanasieregelung. Das ist sprachlich korrekt, denn Euthanasie ist die in den Niederlanden übliche Bezeichnung für Sterbehilfe. Direkt im Anschluss an die Niederlande skizziert Lütz sodann eine fiktive ARD-Ausstrahlung des NS-Propagandafilms „Ich klage an.“ Die Folge einer solchen Fernsehsendung wäre „gewiss eine Mehrheit für Euthanasie“.[79]

In ein- und demselben Sinnzusammenhang wird mit dem Terminus „Euthanasie" zunächst – scheinbar wertneutral – die Rechtslage in den Niederlanden beschrieben und gleich im nächsten Satz der NS-Massenmord. Bei dieser perfiden Rhetorik strahlt die zweite Verwendung auf die erste zurück: Es soll der Eindruck entstehen, dass auch die Niederlande vom NS-Massenmord nicht allzu weit entfernt sind – aber Herr Lütz könnte mit Unschuldsmiene darauf verweisen, er habe den Terminus „Euthanasie" doch nur so verwendet, wie die Niederländer es selber tun.

4)   Du sollst nicht morden

Unter dieser Überschrift teilt die katholische Kirche in ihrem Katechismus von 1993 mit, was sie vom Suizid hält. Suizidwillige Katholiken sollen schon durch die ungewöhnliche Übersetzung des fünften Gebots in Angst und Schrecken versetzt werden, denn selbst in kirchenamtlich gebilligten deutschen Bibeln lautet das fünfte Gebot üblicherweise: „Du sollst nicht töten."

Aber zunächst das Tröstliche: Das Vermögen von Suizidenten wird im Gegensatz zu früher nicht mehr konfisziert. Sie dürfen ihre letzte Ruhestätte in einem Friedhof finden und werden nicht mehr außerhalb der Friedhofsmauern verscharrt. Und, was angesichts der Überschrift kaum zu vermuten ist: Die Kirche betet für sie. Ziffer 2283 des Katechismus lautet: „Man darf die Hoffnung auf das ewige Heil der Menschen, die sich das Leben genommen haben, nicht aufgeben. Auf Wegen, die Gott allein kennt, kann er ihnen Gelegenheit zu heilsamer Reue geben. Die Kirche betet für die Menschen, die sich das Leben genommen haben."

Doch damit nicht genug des Trostes. „Schwere psychische Störungen, Angst oder schwere Furcht vor einem Schicksalsschlag, vor Qual oder Folterung können die Verantwortlichkeit des Selbstmörders vermindern."[80] Einschränkend muss aber erwähnt werden, dass die Zahl derer, die sich aus Angst vor Folterung an Sterbehilfe-Organisationen wenden, exakt Null beträgt.

Jeder Katholik, der einen Suizid plant, muss wissen: „Der Selbstmord widerspricht der natürlichen Neigung des Menschen, sein Leben zu bewahren und zu erhalten. Er ist eine schwere Verfehlung gegen die rechte Eigenliebe. Selbstmord verstößt auch gegen die Nächstenliebe, denn er zerreißt zu Unrecht die Bande der Solidarität mit der Familie, der Nation und der Menschheit, denen wir immer verpflichtet sind. Der Selbstmord widerspricht zudem der Liebe zum lebendigen Gott.[81]"

Da der Suizident die „Solidaritäts-Bande mit der Menschheit zerreißt", begeht er aus katholischer Sicht so etwas Ähnliches wie Völkermord – aber immerhin hat er Gelegenheit zu heilsamer Reue, unterstützt durch die Gebete der Kirche.

Doch wie steht es um einen katholischen Sterbehelfer? Wird für den auch gebetet? Auszuschließen ist das nicht, denn vieles in der katholischen Kirche geschieht heimlich. Aber im Katechismus jedenfalls werden dem Sterbehelfer weder die Gelegenheit zu heilsamer Reue noch kirchliche Gebete versprochen. Der Satz „Freiwillige Beihilfe zum Selbstmord verstößt gegen das sittliche Gesetz[82]" ist in keine weltliche Gnade eingebettet, nicht einmal in göttliche Unergründlichkeit.

Sterbehilfe als Verstoß gegen das sittliche Gesetz: Der Sterbehelfer also doch nur ein Sittenstrolch? Wo schon der bloße Suizid vom Völkermord nicht weit entfernt ist? Natürlich geht es nicht so einfach. Will ein katholischer Sterbehelfer das ganze Ausmaß seiner Verwerflichkeit erfassen, muss er den Katechismus gründlich lesen.

Nach der Überschrift „Du sollst nicht morden" werden Fragen des Suizids unterteilt in die zwei Abschnitte „Selbstmord" und „Euthanasie". Während der Suizident im „Selbstmord"-Kapitel über sein Fehlverhalten informiert wird, erfährt der Sterbehelfer im „Euthanasie"-Kapitel, auf welcher sittlichen Stufe er steht: „Eine Handlung oder eine Unterlassung, die von sich aus oder der Absicht nach den Tod herbeiführt, um dem Schmerz ein Ende zu machen, ist ein Mord."[83]

Sterbehelfer als Mörder – kein Wunder, dass niemand im Vorstand von SterbeHilfeDeutschland e.V. Mitglied der katholischen Kirche ist.

5) Kultur des Todes, Herz des Dramas, durchdringende Fangarme des Säkularismus, internationale Verschwörung gegen das Leben samt Komplizenschaft der Massenmedien

Im Februar 2009 hatte Silvio Berlusconi einen seiner großen Fernseh-Auftritte. Es ging um Eluana Englaro, eine junge Italienerin, die seit vielen Jahren im Koma lag. Der beabsichtigte Verzicht auf Weiterbehandlung wäre in Deutschland rechtlich problemlos und deshalb den Medien hierzulande keine Erwähnung wert gewesen. Aber in Italien schlug der Fall hohe Wellen. Alle römisch-katholischen Würdenträger Italiens verurteilten die beabsichtigte Sterbehilfe aufs Schärfste, und Berlusconi nutzte die Chance, sich an die Seite des Vatikans zu stellen. Umringt von zahllosen Fernsehkameras sagte er, der Fall „Eluana è uno scontro tra la cultura della vita e della morte." Das traurige Schicksal einer einzelnen Patientin mit den Worten zu kommentieren, hier pralle die Kultur des Lebens mit der Kultur des Todes zusammen, passte zur gewohnt operettenhaften Attitüde des italienischen Ministerpräsidenten.

Und doch war er nicht Urheber dieser Wortschöpfung. Um seine Nähe zum Vatikan zu illustrieren, hatte Berlusconi lediglich die Formulierung der Enzyklika Evangelium vitae von 1995 übernommen. Diese Enzyklika handelt vom „Kampf zwischen der ‚Kultur des Lebens' und der ‚Kultur des Todes'"[84], verfasst vom damaligen Papst Johannes Paul II., der im Frühjahr 2011 selig gesprochen wurde, nachdem sein Nachfolger Benedikt XVI. das für die Seligsprechung obligatorische Wunder festgestellt hatte: Eine an Parkinson erkrankte französische Nonne war durch eine Wunderheilung Johannes Pauls II. von ihrer Krankheit erlöst worden. (Für die von ganz Polen ersehnte Heiligsprechung bedarf es eines zweiten Wunders. Wir drücken unseren östlichen Nachbarn die Daumen, dass Kardinal Angelo Amato, Präfekt der römisch-katholischen Kongregation für die Selig- und Heiligsprechungen, auch insoweit fündig werden möge.)

Zurück zur Enzyklika Evangelium vitae, deren Sprache keineswegs verwundert: Das Wort „Sterbehilfe" taucht nirgends auf, dafür aber „Euthanasie" mehr als 30 Mal. Ein kleiner Auszug:

„Nicht selten wird auch die Verwandtschaft des Fleisches und Blutes geschändet, wenn zum Beispiel die Bedrohungen des Lebens im Verhältnis zwischen Eltern und Kindern ausbrechen, wie es bei der Abtreibung geschieht, oder wenn im weitesten Familien- und Verwandtenkreis die Euthanasie befürwortet oder dazu angestiftet wird[85]... Stehen wir tatsächlich einer objektiven Verschwörung gegen das Leben gegenüber, die auch internationale Institutionen einschließt, die mit großem Engagement regelrechte Kampagnen für die Verbreitung der Empfängnisverhütung, der Sterilisation und der Abtreibung anregen und planen. Schließlich lässt sich nicht leugnen, dass sich die Massenmedien häufig zu Komplizen dieser Verschwörung machen, indem sie jener Kultur, die die Anwendung der Empfängnisverhütung, der Sterilisation, der Abtreibung und selbst der Euthanasie als Zeichen des Fortschritts und als Errungenschaft der Freiheit hinstellt, in der öffentlichen Meinung Ansehen verschaffen, während sie Positionen, die bedingungslos für das Leben eintreten, als freiheits- und entwicklungsfeindlich beschreib[en][86]... Das Recht auf Abtreibung, Kindestötung und Euthanasie zu fordern und es gesetzlich anzuerkennen heißt, der menschlichen Freiheit eine perverse, abscheuliche Bedeutung zuzuschreiben: nämlich die einer absoluten Macht über die anderen und gegen die anderen. Aber das ist der Tod der wahren Freiheit[87]... Auf der Suche nach den tiefsten Wurzeln des Kampfes zwischen der ‚Kultur des Lebens' und der ‚Kultur des Todes' dürfen wir nicht bei der oben erwähnten perversen Freiheitsvorstellung stehenbleiben. Wir müssen zum Herzen des Dramas vorstoßen, das der heutige Mensch erlebt: die Verfinsterung des Sinnes für Gott und den Menschen, wie sie für das vom Säkularismus beherrschte soziale und kulturelle Umfeld typisch ist, der mit seinen durchdringenden Fangarmen bisweilen sogar christliche Gemeinschaften auf die Probe stellt[88]... Bestätige ich in Übereinstimmung mit dem Lehramt meiner Vorgänger und in Gemeinschaft mit den Bischöfen der katholischen Kirche, dass die Euthanasie eine schwere Verletzung des göttlichen Gesetzes ist[89]... Befinden sich die Gesetze, die in Form der Abtreibung und der Euthanasie die unmittelbare Tötung unschuldiger Menschen für rechtmäßig erklären, in totalem und unversöhnlichem Widerspruch zu dem allen Menschen eigenen unverletzlichen Recht auf Leben und leugnen somit die Gleichheit aller vor dem Gesetz. Man könnte einwenden, dass das auf die Euthanasie dann nicht zutreffe, wenn der betreffende Mensch bei vollem Bewusstsein um sie gebeten hat. Aber ein Staat, der ein derartiges Ersuchen legitimieren und seine Durchführung gestatten würde, würde gegen die Grundprinzipien der Unverfügbarkeit des Lebens und des Schutzes jedes menschlichen Lebens einen Selbstmord- bzw. Mordfall legalisieren."[90]

Nach diesem vom Heiligen Geist inspirierten Wortschwall stellt sich die Frage, unter welchen Voraussetzungen das Bundesamt für Verfassungsschutz üblicherweise tätig wird.

„Abtreibung und Euthanasie sind also Verbrechen, die für rechtmäßig zu erklären sich kein menschliches Gesetz anmaßen kann. Gesetze dieser Art rufen nicht nur keine Verpflichtung für das Gewissen hervor, sondern erheben vielmehr die schwere und klare Verpflichtung, sich ihnen mit Hilfe des Einspruchs aus Gewissensgründen zu widersetzen."[91]

Käme dieses Zitat von einem Imam, wäre es längst in den Verfassungsschutzbericht aufgenommen im Kapitel „Verfassungsfeindlicher Islamismus".

6)   Selbstmord = Mord

Vor der Enzyklika Evangelium vitae von 1995 hatte sich schon das II. Vatikanische Konzil im Jahre 1965 mit Taten befasst, die „an sich schon eine Schande [und] eine Zersetzung der menschlichen Kultur" sind: All das, was „zum Leben selbst in Gegensatz steht, wie jede Art Mord, Völkermord, Abtreibung, Euthanasie und auch der freiwillige Selbstmord."[92]

Beim Konzil 1965 war der junge Ratzinger nur als beratender Theologe in Rom anwesend, mit vermutlich geringem Einfluss. 30 Jahre später jedoch, als die Enzyklika Evangelium vitae erschien, war er mittlerweile als Präfekt der Glaubenskongregation für die Abfassung solcher Traktate persönlich verantwortlich. Der Satz „Nun ist Selbstmord immer ebenso sittlich unannehmbar wie Mord"[93] stammt also entweder direkt aus seiner Feder, oder er hat ihn jedenfalls gebilligt.

Dieser Satz drückt eine Distanz zur deutschen Rechtsstaatlichkeit aus, wie sie größer nicht sein könnte. Ein rechtliches Nullum (Suizid) wird auf eine Stufe gestellt mit dem schwersten Verbrechen, das unsere Rechtsordnung kennt (Mord). Eine ebenso deutliche Kampfansage an unseren Rechtsstaat bieten Ratzingers „Lehramtliche Stellungnahmen zur ‚Professio Fidei'":[94] „Die Schrift verbietet klar jede Form der Selbstbestimmung der menschlichen Existenz."

Wenn türkische Eltern unter Missachtung unserer Rechtsordnung ihre Kinder zwangsverheiraten, ist die Presse – zu Recht – empört. Wenn jemand, der unsere Rechtsordnung noch viel eklatanter missachtet, den Apostolischen Stuhl erklimmt, dann jubelt dieselbe Presse: Wir sind Papst!

D)   Die Faszination des Katholizismus

Zwei schwule Katholiken lassen im Standesamt ihre Lebenspartnerschaft eintragen, beziehen eine gemeinsame Wohnung und besuchen regelmäßig die Heilige Messe. Eine Katholikin wird ungewollt schwanger, lässt abtreiben und besucht regelmäßig die Heilige Messe. Katholische Bischöfe missbrauchen kleine Jungs und halten regelmäßig die Heilige Messe.

Katholischer Glaube entfaltet sich in Formen und Bahnen, die für einen Protestanten unergründlich sind: Weltmacht seit 2000 Jahren, trotz Kreuzzügen, Inquisition, Hexenverbrennung.

Trotz? Nein, wegen. Bei Kreuzzügen, Inquisition und Hexenverbrennung ging es nie um Glaubensinhalte, sondern immer um Macht, um die Stärkung der katholischen Kirche als Weltmacht. Wie alle Weltreiche gründete sich auch die Macht der katholischen Kirche auf Gewalt, Angst und Schrecken. Die Kirche machte von diesem Instrumentarium aber differenzierter und zurückhaltender Gebrauch als die meist kurzlebigen weltlichen Imperien. So bestätigt die Weltgeschichte unsere Alltagserfahrung: Maßhalten zahlt sich immer aus.

Dass heute statt Hexenverbrennung einem polnischen Papst die Fähigkeit zur Wunderheilung attestiert wird, hat nichts mit Moral zu tun, sondern entspringt der klugen Wahrnehmung medialen Fortschritts.

Die Filmaufnahmen der Olympischen Spiele 1936 durch Leni Riefenstahl waren eine mediale Meisterleistung. Ein dreiviertel Jahrhundert später knüpfte der Vatikan an die Riefenstahl-Ästhetik an und bewältigte bravourös die Schwierigkeit, statt junger Athleten alte Männer in Szene setzen zu müssen: Die Exhumierung von Johannes Paul II. im Frühjahr 2011 zum Zwecke der Seligsprechung wurde ein weltweit beachteter Fernseherfolg.

Papst Benedikt XVI. im knieenden Gebet vor den Gebeinen des exhumierten Vorgängers – zu solch einer Inszenierung fehlt Protestanten die Chuzpe, die schauspielerische Aura, der Petersdom…

1) Salvifici doloris

…und der Papst, der knieend betende wie der exhumierte.

Ein protestantischer Oberhirte kann sich zwar wie der Papst auf die absolute Wahrheit der Bibel berufen, auf Gottes Wort, das jenseits menschlicher Vernunft für alle Gläubigen verbindlich ist. Sobald aber ein Protestant sich anschickt, die Bibel auszulegen, ist seine Exegese Menschenwerk und damit offen für Kritik. Selbst die oberste protestantische Instanz, der Rat der EKD, der in seinen Denk- und anderen Schriften aktuelle Fragen aus der Bibel heraus beantwortet, muss hinnehmen, dass von anderen protestantischen Gremien oder einzelnen Theologen dieselbe Frage – ebenfalls aus der Bibel heraus – gegenteilig beantwortet wird.

Wenn der Papst die Bibel auslegt, hat er es einfacher. Die Mühe eigener Gedanken muss er sich nicht machen. Er erkundigt sich im knieenden Gebet oder in anderen Kommunikationsformen beim Heiligen Geist nach dessen Meinung und bringt diese hinterher lediglich zu Papier. Das erspart der katholischen Kirche all den internen Zwist, der seit der Reformation Wesensmerkmal des Protestantismus ist. Selbst eine päpstliche Argumentation, die mangelnde Logik oder fehlende Stringenz auf der Stirn geschrieben hat, braucht sich keiner Kritik zu stellen, denn Urheber ist ja der Heilige Geist höchstpersönlich, und wer an dessen Äußerungen Kritik übt, macht damit nur deutlich, dass sein Spatzenhirn der erhabenen göttlichen Offenbarung nicht gewachsen ist.

Sobald in einer Abhandlung irdischen Ursprungs – zum Beispiel in einer mit ordentlichen Zitaten versehenen Dissertation – die Worte „an sich", „sozusagen", „gewissermaßen" oder „gleichsam" auftauchen, weiß der

Leser, dass dem Autor die Argumente ausgegangen sind und er sich nun bemüht, dieses Defizit durch Geschwafel zu kaschieren.

Wenn der Papst in einem Apostolischen Schreiben die Worte „an sich", „sozusagen", „gewissermaßen" und „gleichsam" gebraucht, dann ist das natürlich kein Geschwafel, sondern unfehlbares Zeichen milder Nachsicht des Oberhirten mit seinen schlichten Unterhirten und all den tumben Schafen.

Das „Apostolische Schreiben ‚Salvifici doloris' Seiner Heiligkeit Papst Johannes Paul II. an die Bischöfe, Priester, Ordensleute und Gläubigen der Katholischen Kirche über den christlichen Sinn des menschlichen Leidens"[95] von 1984 ist ein Glanzlicht katholischer Überzeugungskraft.

21 Jahre nach dem Erscheinen starb der Papst im Jahre 2005. Bereits von schwerer Krankheit gezeichnet, hielt er längere Zeit die Fernsehzuschauer weltweit in Atem, wie er mit schmerzverzerrtem Gesicht unablässig Segen um Segen spendete.

6 Jahre nach dem Tod von Johannes Paul II. schrieb Kardinal Joachim Meisner in einem Beitrag für die WELT:[96] „Wir erleben in Deutschland derzeit eine Debatte, die mit moralisch schillernden Argumenten den Sterbenden über die Schwelle stoßen will. Aktive Sterbehilfe wird als Erlösung, als barmherzige Tat dargestellt. Das ist Perversion christlichen Denkens. Kein Wort mehr von einer Ethik des Leidens oder gar vom ‚Heil bringenden Schmerz' – ‚Salvifici doloris' nannte Papst Johannes Paul II. seine Enzyklika über den Schmerz. Als er, weltweit beachtet, selbst starb, gab er unzähligen Menschen eine Ahnung davon, was das bedeuten kann."

Und was ist mit den (wenigen) Menschen, die bis heute *keine* Ahnung davon haben, was „Salvifici doloris" bedeuten kann? Für die wäre es natürlich am besten, wenn sie hier an Ort und Stelle „Salvifici doloris" im vollen Wortlaut nachlesen könnten. Leider ist der Text – wie alle Enzykliken und sonstigen päpstlichen Verlautbarungen – recht weitschweifig. Der Heilige

Geist scheint einen Hang zur Geschwätzigkeit zu haben, oder Päpste sind schlechte Protokollanten. So sei hier mittels einiger Zitate – gegliedert in 5 Gruppen – eine knappe Zusammenfassung des Apostolischen Schreibens „Salvifici doloris" gewagt (in der Hoffnung, der Heilige Geist möge über die starke Verkürzung nicht allzu sehr zürnen):

(1) Jeder Mensch kann durch sein Leiden am erlösenden Leiden Christi teilhaben.[97] Die an den Leiden Christi teilhaben, sind auch berufen, durch ihre eigenen Leiden an der Herrlichkeit teilzuhaben. Die kleine Last unserer gegenwärtigen Not schafft uns in maßlosem Übermaß ein ewiges Gewicht an Herrlichkeit, uns, die wir nicht auf das Sichtbare starren, sondern nach dem Unsichtbaren ausblicken. „Vater, vergib ihnen, denn sie wissen nicht, was sie tun." Denen, die an den Leiden Christi teilhaben, prägen sich diese Worte mit der Kraft eines höchsten Vorbildes ein. Das Leiden ist auch ein Aufruf, die sittliche Größe des Menschen, seine geistige Reife zu bezeugen.[98] Leiden heißt besonders empfänglich und offen werden für das Wirken der heilbringenden Kräfte Gottes. Im Leiden ist ein besonderer Ruf zur Tugend enthalten, die der Mensch von sich her üben soll. Es ist die Tugend der Ausdauer im Ertragen all dessen, was stört und weh tut.[99]

(2) Über Jahrhunderte und Generationen hinweg hat sich immer wieder herausgestellt, dass Leiden eine besondere Gnade ist. Der Mensch entdeckt gleichsam einen neuen Maßstab für sein ganzes Leben und für seine Berufung. Diese Entdeckung ist eine besondere Bestätigung für die Größe des Geistes, der im Menschen auf unvergleichliche Weise den Leib überragt. Wenn dieser Leib schwerkrank ist und völlig darniederliegt, wenn der Mensch gleichsam unfähig zum Leben und Handeln geworden ist, treten seine innere Reife und geistige Größe umso mehr hervor und bilden eine eindrucksvolle Lehre für die gesunden und normalen Menschen.[100]

(3) An sich ist das Leiden eine Erfahrung von Übel. Christus hat daraus jedoch die festeste Grundlage für das endgültig Gute gemacht. Im kosmischen Kampf zwischen den geistigen Kräften von Gut und Böse bilden

die Leiden des Menschen eine besondere Unterstützung für die Kräfte des Guten, weil sie dem Sieg dieser heilbringenden Kräfte den Weg eröffnen. Darum sieht die Kirche in allen leidenden Brüdern und Schwestern Christi gleichsam vielfältige Träger seiner übernatürlichen Kraft. Wie oft wenden sich die Hirten gerade an sie und suchen bei ihnen Hilfe und Stütze![101] Wir bitten euch alle, die ihr leidet, uns zu unterstützen. Gerade euch, die ihr schwach seid, bitten wir, zu einer Kraftquelle für die Kirche und für die Menschheit zu werden. Möge in dem schrecklichen Kampf zwischen den Kräften des Guten und des Bösen, der sich vor uns in der heutigen Welt abspielt, euer Leiden in Einheit mit dem Kreuze Christi siegen![102]

(4) Die Zeugen von Kreuz und Auferstehung waren überzeugt, dass sie durch viele Drangsale ins Himmelreich gelangen. Im zweiten Brief an die Thessalonicher schreibt Paulus: Wir können mit Stolz auf euch hinweisen, weil ihr im Glauben standhaft bleibt bei aller Verfolgung und Bedrängnis, die ihr zu ertragen habt. Ihr sollt des Reiches Gottes teilhaftig werden, für das ihr leidet. Darum sollen unter dem Kreuz auf Kalvaria in geistiger Weise alle Leidenden zusammenkommen, die an Christus glauben, vor allem jene, die gerade wegen ihres Glaubens zu leiden haben.[103]

(5) Ein jeder fragt sich nach dem Sinn des Leidens. Christus antwortet nicht direkt, sondern sagt: Folge mir! Komm! Nimm mit deinem Leiden teil an dem Werk der Erlösung der Welt, die durch mein Leiden vollbracht wird! Durch mein Kreuz! Während der Mensch sein Kreuz auf sich nimmt und sich dabei geistig mit dem Kreuz Christi vereint, enthüllt sich vor ihm mehr und mehr der heilbringende Sinn seines Leidens. Der Mensch findet diesen Sinn nicht auf seiner menschlichen Ebene, sondern auf der Ebene des Leidens Christi. Zugleich aber steigt der heilbringende Sinn des Leidens von der Ebene Christi auf die Ebene des Menschen herab und wird gleichsam zu seiner persönlichen Antwort. Nun findet der Mensch in seinem Leiden inneren Frieden und sogar geistliche Freude.[104]

Wem diese Zusammenfassung des Apostolischen Schreibens „Salvifici doloris" immer noch zu lang ist, mag sich an der folgenden Kürzest-Fassung orientieren:

(1) Der Leidende ist Christus nahe, als Belohnung für das irdische Leid wartet auf ihn die Herrlichkeit des Ewigen Lebens. (2) Der Leidende gibt dem Gesunden ein eindrucksvolles Exempel für die überragende Größe des Geistes gegenüber dem nebensächlichen Leib. (3) Das leidende Schaf ist eine wichtige Stütze für den gesunden Hirten in dessen kosmischem Kampf für die Kräfte des Guten; der Leidende ist die Kraftquelle der katholischen Kirche. (4) Der Leidende ist Christus nah, aber christliche Märtyrer sind ihm etwas näher als die von Zufallskrankheiten Geplagten. (5) Leiden ist zwar auf der menschlichen Ebene sinnlos, von der Ebene Christi aber steigt der heilbringende Sinn des Leidens auf den Menschen herab, sodass der Mensch an seinem Leid sogar geistliche Freude empfindet.

Und was ist, wenn der Leidende aller päpstlichen Beschwörung zum Trotz an seinem Leid weder geistliche noch sonstige Freude empfindet, sondern seiner Qual ein Ende setzen will und um Sterbehilfe bittet? Dann verweigert er sich der Kirche als Kraftquelle, wechselt im kosmischen Kampf auf die Seite des Bösen und verspielt seine Chance auf ewige Herrlichkeit.

2)   Das Lehramt

Zum Schluss seines Apostolischen Schreibens „Salvifici doloris" schreibt Johannes Paul II.: „Der Sinn des Leidens ist übernatürlich, weil er im göttlichen Geheimnis der Erlösung der Welt wurzelt."[105]

Das ist die Faszination des Katholizismus: Alle Behauptungen, die sich irdischer Argumentation entziehen, entspringen wie selbstverständlich dem Geheimnis Gottes. Niemand kann widersprechen, denn niemand kennt dieses Geheimnis, außer der Kirche dank ihres Lehramts.

Die Kirche selbst ist „ein Geheimnis der Gemeinschaft… Deshalb darf man auf sie auch nicht schlicht und einfach Verhaltensmaßstäbe anwenden, die ihren Seinsgrund in der Natur der bürgerlichen Gesellschaft oder in den Regeln haben, nach denen eine Demokratie funktioniert. Noch weniger darf man die Beziehungen im Inneren der Kirche nach der Mentalität der Welt, die sie umgibt, beurteilen."[106]

Das Geheimnis der kirchlichen Gemeinschaft erlebte der Autor dieses Buches, nachdem er mit dem Manuskript begonnen hatte. Er fragte einen katholischen Pfarrer, mit dem er seit längerem in Kontakt steht, ob der bereit sei, zu diesem Buch einen Beitrag „Sterbehilfe aus katholischer Sicht" beizusteuern. Der Pfarrer antwortete, Sterbehilfe sei ein Thema, das ihn sehr interessiere, und er werde diesen Beitrag gerne schreiben. Einige Zeit später rief der Pfarrer an: Er habe mit seinem Kardinal ein längeres Gespräch geführt und bedauere, seine Zusage nicht aufrechterhalten zu können.

Vermutlich hatte „das Lehramt" bei dieser Absage nicht die Finger im Spiel, denn wie alle Hierarchien ist auch die katholische Kirche geprägt von vorauseilendem Gehorsam. Vielleicht hatte es aber doch der brüderlichen Ermahnung des Kardinals bedurft, dass der Pfarrer die Fehlerhaftigkeit seiner Zusage erkannte, bereute und revidierte. Solche pädagogischen Erfolge werden auch chinesischen Umerziehungslagern nachgesagt.

Eine erste Vorstellung von dem, was unter „dem Lehramt" zu verstehen ist, bietet die Dogmatische Konstitution über die göttliche Offenbarung „Dei verbum" des II. Vatikanischen Konzils:[107] „Die Aufgabe aber, das geschriebene oder überlieferte Wort Gottes verbindlich zu erklären, ist nur dem lebendigen Lehramt der Kirche anvertraut, dessen Vollmacht im Namen Jesu Christi ausgeübt wird. Das Lehramt ist nicht über dem Wort Gottes, sondern dient ihm, indem es nichts lehrt, als was überliefert ist, weil es das Wort Gottes aus göttlichem Auftrag und mit dem Beistand des Heiligen Geistes voll Ehrfurcht hört, heilig bewahrt und treu auslegt und weil es alles, was es als von Gott geoffenbart zu glauben vorlegt, aus diesem einen Schatz des Glaubens schöpft."

Eine bedeutsame Ergänzung bietet die Enzyklika Veritatis splendor:[108] „Gerade was die Fragestellungen anbelangt, die für die Diskussion von Fragen der Moral heute kennzeichnend sind und in deren Umfeld sich neue Tendenzen und Theorien entwickelt haben, empfindet es das Lehramt in Treue zu Jesus Christus und in der Kontinuität der Tradition der Kirche als sehr dringende Pflicht, sein eigenes Urteil und seine Lehre anzubieten, um dem Menschen auf seinem Weg zur Wahrheit und zur Freiheit behilflich zu sein."

„Anbieten" und „behilflich sein" – das klingt freundlich und bescheiden, ähnlich dem Angebot einer EKD-Denkschrift für Protestanten. Damit ein derart falscher Eindruck erst gar nicht entsteht, stellt die Glaubenskongregation aber klar: „Gott hat seiner Kirche durch die Gabe des Heiligen Geistes Anteil an seiner eigenen Unfehlbarkeit gegeben."[109] „Jesus Christus hat die Hirten der Kirche mit dem Charisma der Unfehlbarkeit ausgestattet."[110] Da wundert es nicht, dass auch „das Lehramt" einem persönlichen Wunsch Christi entspricht: „Das Lehramt in seinem Dienst am Wort Gottes [ist] eine positiv von Christus als konstitutives Element der Kirche gewollte Institution."[111]

Wer steckt nun hinter der „von Christus gewollten" Institution? „Die Ausübung dieses Charismas kann in verschiedener Weise erfolgen. Es wird insbesondere ausgeübt, wenn die Bischöfe mit ihrem sichtbaren Haupt vereint in einem kollegialen Akt, wie es bei ökumenischen Konzilien der Fall ist, eine Lehre verkünden, oder wenn der Römische Papst in Erfüllung seiner Sendung als oberster Hirte und Lehrer aller Christen eine Lehre ‚ex cathedra‘ vorlegt."[112]

Der Verfasser all dessen, Kardinal Joseph Ratzinger, langjähriger Präfekt der Kongregation für die Glaubenslehre, teilt an ganz anderer Stelle mit, dass auch er selbst vom Charisma der Unfehlbarkeit erleuchtet sei:[113] „Der Römische Papst bedient sich bei seiner universalen Sendung der Hilfe der Organe der Römischen Kurie, insbesondere der Kongregation für die Glaubenslehre bei Lehren über den Glauben und die Moral.

Daraus folgt, dass die ausdrücklich vom Papst approbierten Dokumente dieser Kongregation am ordentlichen Lehramt des Nachfolgers Petri teilhaben."

Das Lehramt besteht also aus dem Bischofskonzil, dem Papst und der Glaubenskongregation – in umgekehrter Reihenfolge der Bedeutung. Die Zusammenkunft sämtlicher katholischer Bischöfe weltweit findet nur alle paar Jahrhunderte statt, der Papst selber hat wenig Zeit, weil er sich auf seine Auslandsreisen und die vielen Sprachen bei „urbi et orbi" vorbereiten muss. Und wer schreibt sich die Finger wund? Der Präfekt der Glaubenskongregation, Kardinal Joseph Ratzinger.

Im Charisma seiner Unfehlbarkeit kennt Präfekt Ratzinger thematisch keine Grenzen, „weil das Evangelium als Wort des Lebens den ganzen Bereich des menschlichen Handelns anregt und bestimmt. Das Lehramt hat daher die Aufgabe, durch für das Gewissen der Gläubigen normgebende Urteile jene Akte zu bezeichnen, die in sich selber mit den Forderungen des Glaubens übereinstimmen und seine Anwendung im Leben fördern, aber auch jene Akte, die aufgrund ihres inneren Schlechtseins mit diesen Forderungen unvereinbar sind…die Offenbarung [enthält] selber moralische Lehren, die an sich von der natürlichen Vernunft erkannt werden können, die aber aufgrund der sündigen Verfasstheit des Menschen schwer zugänglich sind. Es ist Glaubenslehre, dass diese moralischen Normen vom Lehramt unfehlbar gelehrt werden können."[114]

Der evangelische Theologe Kreß erinnert daran, dass noch in den 50-er Jahren Papst Pius XII. im Umgang mit dem menschlichen Leben Güterabwägungen vornahm, indem er indirekte Sterbehilfe für bestimmte Fälle legitimierte, wohingegen die jetzige Kirche zu den Themen, die das menschliche Leben, den Lebensbeginn und das Lebensende betreffen, vor allem Verbotsnormen errichtet."[115] Dieser Wandel weg von der Güterabwägung hin zur Verbotsnorm hat einen Namen: Kardinal Joseph Ratzinger. Kreß vermeidet diese Namensnennung, weist aber darauf hin,[116] „dass seit den 1990-er Jahren die Bandbreite dessen, was kirchenamtlich zu Glaube und Moral für verbindlich erklärt wird, quantitativ kontinuierlich ausgeweitet wird."

3) Katholische Theologen und die Freiheit der Wissenschaft

Artikel 5 des Grundgesetzes:[117] „Kunst und Wissenschaft, Forschung und Lehre sind frei."

Glaubenskongregation:[118] „Das richtige Gewissen aber ist ein Gewissen, das durch den Glauben und das objektive Moralgesetz erhellt ist und damit auch den aufrichtigen Willen zum Erstreben des wahrhaft Guten voraussetzt. Daher setzt das richtige Gewissen des katholischen Theologen den Glauben an das Wort Gottes voraus, dessen Reichtümer er ja ergründen soll, aber auch die Liebe zur Kirche, von der er seine Sendung erhält, und die Achtung vor dem mit göttlichem Beistand ausgezeichneten Lehramt."

Damit auch die schlichtesten Theologen im hintersten Winkel der Welt wissen, was mit „Liebe zur Kirche" und „Achtung vor dem Lehramt" gemeint ist, wird folgende Drohung hinterhergeschickt: „Wenn man sich von den Hirten trennt, die die apostolische Überlieferung lebendig halten, setzt man die Verbindung mit Christus unwiderruflich aufs Spiel." Dass ohne die Verbindung mit Christus auch die eigene berufliche Existenz auf dem Spiel steht, versteht sich für die hauptamtlichen Diener der Kirche von selbst.

Präfekt Ratzinger gibt sich große Mühe, katholische Theologen, die dem Diktat seiner Glaubenskongregation zu gehorchen haben, gleichwohl als freie Wissenschaftler im Sinne von Art. 5 Grundgesetz erscheinen zu lassen:[119] Zunächst billigt er den Wissenschaftlern zu, an der Freiheit der Forschung „als einem ihrer kostbarsten Güter" festzuhalten. Nach diesem generösen Einstieg folgt die Relativierung auf dem Fuß: „In der Theologie

64

ist diese Freiheit der Forschung innerhalb eines rationalen Wissens anzusetzen, dessen Gegenstand von der Offenbarung gegeben wird, wie sie in der Kirche unter der Autorität des Lehramtes übermittelt, ausgelegt und vom Glauben angenommen wird. Diese Elemente, die den Rang von Grundsätzen haben, beiseite zu lassen, würde bedeuten dass man aufhört, Theologie zu treiben."

Die Behauptung, kritische Theologie sei schon ihrem Wesen nach gar keine Theologie, ist selbst für die gläubigsten der katholischen Wissenschaftler starker Tobak. Das scheint auch Kardinal Ratzinger zu ahnen, denn vorsichtshalber schiebt er zwei Hilfsargumente hinterher: (1) Freiheit könne sich selbst zerstören. „Wenn sie ihr inneres Maß verliert, so hebt sie sich selber auf."[120] (2) „Auch wenn es den Anschein haben kann, dass [die Äußerungen des Lehramtes] die Freiheit der Theologen beeinträchtigen, so richten sie durch die Treue zum überlieferten Glauben eine tiefer reichende Freiheit auf, die nur von der Einheit in der Wahrheit herkommen kann."[121] Bei dieser „sich selbst zerstörenden (1) bzw. tiefer reichenden (2) Freiheit" sei abermals an die Berliner Mauer erinnert (siehe oben S. 15 und 23).

Was passiert einem Theologen, der mit dem Lehramt hadert? Der ist „verpflichtet, den Lehrautoritäten die Probleme vorzutragen… Er wird das im Geist des Evangeliums tun… Dann können seine Einwände zu einem wirklichen Fortschritt beitragen, indem sie das Lehramt anregen, die Lehre der Kirche gründlicher und besser begründet vorzulegen. Der Theologe wird in diesen Fällen nicht auf die Massenmedien zurückgreifen, sondern vielmehr die verantwortliche Autorität ansprechen, denn durch das Ausüben von Druck auf die öffentliche Meinung kann man nicht zur Klärung von lehrhaften Problemen beitragen und der Wahrheit dienen."[122] Falls der Theologe das Lehramt nicht überzeugt, „kann eine solche Situation gewiss eine schwere Prüfung bedeuten. Sie kann ein Aufruf zu schweigendem und betendem Leiden in der Gewissheit sein, dass, wenn es wirklich um die Wahrheit geht, diese sich notwendig am Ende durchsetzt."[123]

„Schweigendes und betendes Leiden" des katholischen Theologen – das ist die Freiheit der Wissenschaft, wie Kardinal Joseph Ratzinger sie versteht.

Und wenn ein Theologe betet und leidet, aber nicht schweigt? Dann kann das Lehramt sich veranlasst sehen, „beschwerliche Maßnahmen" zu ergreifen, „wenn es z. B. einem Theologen, der sich von der Lehre des Glaubens entfernt, die ihm anvertraute ‚missio canonica' oder den Lehrauftrag entzieht, oder auch von Schriften erklärt, sie stünden mit dieser Lehre nicht in Übereinstimmung."[124]

Einer, der sich nicht hat einschüchtern lassen, war Hans Küng. In den Büchern „Die Kirche" (1967) und „Unfehlbar? – Eine Anfrage" (1970) kritisierte er zentrale Strukturelemente der Kirche und deren Lehre. 1975 erhielt Küng eine Rüge der Glaubenskongregation. Im Dezember 1979 stellte die Glaubenskongregation – gebilligt von Papst Johannes Paul II. – gravierende Abweichungen Küngs von der katholischen Lehre fest, was noch im selben Monat zum Entzug der Lehrerlaubnis durch die Deutsche Bischofskonferenz führte (siehe auch unten S. 117).

Einen anderen Weg ging Reinhard Meßner. 1960 in Judenburg (Steiermark) geboren, ist er seit 1996 ordentlicher Universitäts-Professor für Liturgiewissenschaft am Institut für Bibelwissenschaften und Historische Theologie der Universität Innsbruck. Mittlerweile ist er Leiter dieses Instituts. In seiner 1989 veröffentlichten Dissertation hatte er sich mit der „Meßreform Martin Luthers" befasst. Dass ein Werk über den schlimmsten Ketzer aller Zeiten auf das Interesse der römischen Glaubenskongregation stoßen würde, hätte Doktorand Meßner voraussehen können. Einmal im Fadenkreuz der Glaubenswächter, nützte es dem aufstrebenden Wissenschaftler nichts, dass er seiner 1992 veröffentlichten Habilitationsschrift den harmlosen Titel gab: „Feiern der Umkehr und Versöhnung." Auch dieses Werk wurde in Rom mit größter Sorgfalt und Sorge gelesen.

Das Abweichlertum von der wahren katholischen Lehre muss so erschüt-
ternd gewesen sein, dass die Glaubenskongregation sich im September
1998 gezwungen sah, dem Delinquenten „ihre kritischen Ausstellungen
zu seinen Arbeiten" vorzulegen. Sein Antwortschreiben vom November
1998 reichte dann keineswegs, „um die Probleme in ihrer Ganzheit zu
bereinigen." So erhielt Meßner im August 1999 ein zweites Schreiben
der Kongregation. Als seine Antwort vom November 1999 abermals
keine „eindeutige Lösung…im Verhältnis zur Glaubenslehre der Kirche"
brachte, platzte dem Präfekten der Kongregation der Kragen. Statt eines dritten Briefs an Meßner verfasste er eine „Notifikation",[125] die am
27. Oktober 2000 von Papst Johannes Paul II. approbiert wurde. Im
Vorspann heißt es:

„Das Verfahren gegen den genannten Autor findet nunmehr seinen of-
fiziellen Abschluss durch die Veröffentlichung dieser ‚Notifikation', die
Professor Meßner zuvor vorgelegt und von ihm angenommen worden
ist. Mit der Unterzeichnung des Dokuments hat sich der Autor verpflichtet, dass er sich künftig an die in der ‚Notifikation' enthaltenen
Klarstellungen hält und sie entsprechend berücksichtigt. Sie bilden den
verpflichtenden Maßstab für sein künftiges theologisches Wirken und
seine Veröffentlichungen."

Seit dieser Unterwerfung hat Reinhard Meßner zahlreiche Schriften veröffentlicht mit Titeln wie „Unterwegs zum himmlischen Heiligtum – Zur
kultischen Ekklesiologie in der frühchristlichen Literatur" oder „Der Gottesdienst in der vornizänischen Kirche" oder „Cantus liturgiae romanae
proprius. Die Bedeutung des Gregorianischen Chorals für die Klangge-
stalt volkssprachlicher Liturgie" oder schließlich „Der Herr ist König auf
immer und ewig." Im gesamten Schriftenverzeichnis von Meßner[126] sucht
man vergeblich nach seiner Dissertations- und Habilitationsschrift. Beide
Bücher sind spurlos verschwunden. Verschluckt von der Gnadenpforte
des Heiligen Geistes.

4)   Leitfaden für Sterbehelfer

Treiben die zuvor beschriebenen Strukturen katholische Theologen in geistloses Duckmäusertum? Natürlich nicht. Duckmäusertum ist keineswegs eine spezifisch katholische Eigenschaft und im Übrigen: Wer kann da schon für sich selbst die Hand ins Feuer legen.

Noch abwegiger wäre der Vorwurf der Geistlosigkeit, denn gerade für die Klugheit katholischer Theologen gibt es eindrucksvolle Beweise. Wie sonst hätte aus einem deutschen Professor mit kalten Augen, brüchiger Stimme und ungelenker Ausstrahlung ein erfolgreicher Papst werden können?

Aber auch beim Thema Sterbehilfe wird man fündig. Den überzeugendsten Leitfaden für Sterbehelfer liefert ein katholischer Theologe: Emmanuel J. Bauer:[127]

„Als Sterbehelferin oder Sterbehelfer sollte man nicht mit einer wertenden oder gar dogmatischen Einstellung an Menschen in suizidalen Krisen herangehen. Vielmehr empfiehlt es sich, den Hilfesuchenden grundsätzlich in einer phänomenologischen Haltung zu begegnen. Sie meint das Bemühen, den Menschen und dessen Problem aus ihm selbst heraus zu verstehen, das heißt die eigenen Vorstellungen, vielleicht auch Vorurteile, und die eigenen Deutungen der Situation einzuklammern und möglichst unvoreingenommen offen zu sein für das, was sich zeigt und wie es sich zeigt. Dabei ist es wichtig zu bedenken, dass sich das Wesentliche oft nicht frei zeigt, sondern hinter oberflächlichen Verhaltens- und Reaktionsmustern verborgen ist. Das liegt einerseits an der Tiefgründigkeit der personalen Wirklichkeit des uns gegenüber stehenden Menschen, andererseits aber auch an der subjektiven Gefärbtheit und immer schon in gewissem Maß interpretierenden Rezeption dessen, was und wie wir den Menschen wahrnehmen. Es geht also darum, den anderen in seinem Eigensten zur Geltung kommen zu lassen, indem man das, was sich zeigt, noch einmal hinterfragt, ob es wirklich so ist und ausschaut nach dem, wie es wirklich ist. Phänomenologisches Verstehen spielt sich immer im intersubjektiven Feld der beiden einander begegnenden Personen ab. Das konkrete Gelingen hängt davon ab, ob die Sterbehelferin bzw. der Sterbehelfer die eigenen Anteile am Erlebten kennt und einklammert und versucht, das vom Betreuten Erlebte innerhalb dessen Bezugsrahmen zu verstehen. Der Leidende weiß schließlich am besten, woran er leidet. Die phänomenologische Grundhaltung ist eine gute Voraussetzung, um die in der Krisenintervention gefragten Fähigkeiten wie Dasein, Annehmen, Seinlassen, Zuwendung, Zuhören, Stützen und Verstehen zu verwirklichen. Sie schließt auch mit ein, Suizid als letzte Möglichkeit, der Unerträglichkeit des Leidens zu entrinnen, grundsätzlich zuzulassen. Diese Freiheit zu spüren, kann von dem mit dem Leben Ringenden viel Druck nehmen und dem totalen Engegefühl vorbeugen."

Der vorstehende Text ist nicht ganz korrekt zitiert. Im Original heißt es natürlich nicht Sterbehelferin/Sterbehelfer, sondern Seelsorgerin/Seelsorger. Dieser kleine Unterschied ändert aber nichts an der Feststellung, dass katholischer Theologie sehr kluge Gedanken entspringen können.

„Der Leidende weiß am besten, woran er leidet." Diese prägnante Handlungsmaxime verdankt der Verein SterbeHilfeDeutschland e.V. ausgerechnet einem katholischen Theologen.

E)   Ein kleiner Blick in die Schweiz

Wer in Deutschland für Selbstbestimmung am Lebensende eintritt und einen Blick in die Schweiz wirft, kann ins Grübeln geraten, ob der ethische Vorsprung der Eidgenossen 5, 15 oder 50 Jahre beträgt. Welche Zahl auch immer richtig sein mag – in Sachen Humanität und Menschenrechte ist Deutschland von der Schweiz nicht durch eine gemeinsame Grenze, sondern durch eine Epoche der Menschheitsgeschichte getrennt: Während Schweizer darüber diskutieren, in welchem staatlichen Rahmen sich Selbstbestimmung am besten entfalten kann, wird in Deutschland der staatliche Rahmen für Selbstbestimmung immer aggressiver zerstört, zuletzt durch den Deutschen Ärztetag, der am 1. Juni 2011 ein Totalverbot ärztlicher Suizidbeihilfe beschloss.

1)   Das Zürcher Stimmvolk

Am 15. Mai 2011 standen im Kanton Zürich, dem bevölkerungsreichsten Kanton der Schweiz, zwei Volksinitiativen zur Abstimmung. Die eine hieß „Nein zum Sterbetourismus" und richtete sich gegen die Sterbehilfeorganisation Dignitas, die nicht nur Schweizern, sondern auch Ausländern Sterbehilfe gewährt. Die andere Initiative „Stopp der Suizidhilfe" ging noch weiter: Sterbehilfe sollte in der Schweiz gänzlich verboten werden. Beide Initiativen waren von zwei kleinen fundamentalistisch-christlichen Parteien lanciert worden.

Das Ergebnis fiel eindeutig aus: Bei einer im Vergleich mit anderen Volksabstimmungen hohen Wahlbeteiligung von 34 % stimmten zur Sterbetourismus-Initiative 218.602 Stimmbürger mit Nein, was eine Ablehnungsquote von 78 % bedeutet. Zur Stopp-Initiative gab es sogar 234.956 Nein-Stimmen (Ablehnungsquote 84 %).[128]

Kardinal Elio Sgreccia, der ehemalige Präsident der vatikanischen

Bioethik-Kommission, kritisierte gegenüber der katholischen Tageszeitung „Avvenire"[129] die Zürcher Entscheidung, Sterbehilfe für Ausländer weiterhin zu erlauben: Töten könne niemals ein Recht sein, sondern sei immer ein Verbrechen. Mit anderen Worten also: Das Zürcher Stimmvolk eine Bande von Verbrechensbefürwortern.

Demgegenüber freute sich die Neue Zürcher Zeitung[130] in einem Kommentar über „die Absage an ein fundamentalistisch geprägtes Welt- und Menschenbild." Der Souverän habe „ein klares Zeichen für ein Festhalten an der hierzulande liberalen Praxis im Umgang mit Suizidbeihilfe gesetzt." Das Zürcher Stimmvolk habe seine schon vor Jahrzehnten geäußerte tolerante Haltung bekräftigt. Vor 34 Jahren hatte es eine Initiative zur Gewährung von aktiver Sterbehilfe für Schwerstkranke deutlich gutgeheißen. Das jetzige „Volksverdikt widerspiegele die breite Anerkennung des Selbstbestimmungsrechts des Individuums und die mittlerweile auch in aufgeklärten kirchlichen Kreisen verankerte Einsicht, dass Suizidbeihilfe mit einem christlichen Standpunkt vereinbar sei."

Deutschland wartet unterdessen noch auf die Aufklärung seiner kirchlichen Kreise.

2)   Die Kirchen

Aber geht das Lob der Neuen Zürcher Zeitung nicht auch den Schweizer Kirchen gegenüber etwas zu weit? Dass Werner Kriesi, der weltweit die meiste Erfahrung mit Freitodbegleitungen hat, ein ehemaliger Pfarrer ist, lässt ja noch nicht auf die generelle Toleranz der Schweizer Kirchen schließen. Der Beitrag von Kriesi zum Buch Hiob unten auf S. 79, sein Lebenslauf auf S. 167.

Was die katholische Kirche der Schweiz angeht, wäre es verblüffend, wenn es in Sachen Toleranz irgendwelche Unterschiede zur Schwester- (oder besser: Bruder-) Organisation in Deutschland gäbe. Denn die Quelle aller katholischer Erkenntnis ist für beide Länder dieselbe: das vom Heiligen Geist mit dem Charisma der Unfehlbarkeit ausgestattete Lehramt mit Sitz in Rom.

Im Jahre 2002 äußerten sich die Schweizer Bischöfe in einem Pastoralschreiben zur Frage der Sterbehilfe und der Sterbebegleitung:[131] Die Suizidpraxis in der Schweiz trage zu einer Banalisierung des Todes bei und leiste einer irrigen Ideologie menschlicher Selbstbestimmung Vorschub." Das Selbstbestimmungsrecht als irrige Ideologie – das unfehlbare Lehramt sorgt von Rom aus für die Einheit der Kirche, mögen Bischöfe in Deutschland, in der Schweiz oder sonst wo zur Feder greifen. Im Jahr 2008 äußerten sich die Schweizer Bischöfe „besorgt über die Akzeptanz, die Suizid-Organisationen in breiten Kreisen gewinnen möchten."[132] Rückblickend lässt sich feststellen, dass die bischöfliche Sorge berechtigt war: Stellvertretend für die Schweiz hat sich das Zürcher Stimmvolk im Mai 2011 endgültig der katholischen Obsessionen entledigt.

Auch wenn die katholische Kirche in der Schweiz seit diesem Zürcher Volksentscheid keine gesellschaftliche Relevanz mehr besitzt, bleibt doch ein Dokument aus früheren Zeiten erwähnenswert: Kurz nach seiner Wahl zum Vorsitzenden der Schweizer Bischofskonferenz im April 2007 hatte Bischof Kurt Koch im Pfarreiheim Rheinfelden einen Vortrag gehalten.[133] Zu Beginn der Rede gab er – im Pluralis Majestatis – ein persönliches, geradezu intimes Bekenntnis ab: „Wir schminken sogar die Vorboten des Todes aus unseren Gesichtern weg, damit ja niemand entdecken kann, wie unerbittlich wir uns auf der Einbahnstraße zum Sterben befinden; und die kosmetische Industrie profitiert davon ungemein."

Nach diesem Blick ins bischöfliche Ankleidezimmer nahm Kurt Koch seine Zuhörer (immer noch im Pluralis Majestatis) sogar mit ins Schlafzimmer: „Je mehr wir das Zubettgehen am Abend spirituell vollziehen und bewusst erleben, uns beispielsweise beim Einschlafen von unserer Welt verabschieden, uns von der alltäglichen Umklammerung durch Arbeit und Leistung lösen und uns selbst gelassen Gott übergeben, desto mehr könnte für uns das Einschlafen zu einer Vorerfahrung des eigenen Sterbens werden."

Der Bischof beließ es nicht bei der bloßen „Vorerfahrung". Er zeigte kränkelnden Katholiken, dass sie sich aufs Sterben sogar freuen dürfen, ähnlich wie Kinder auf den weihnachtlichen Gabentisch: „Das besonders schöne Geschenk, das die katholische Kirche sterbenden Menschen bereiten kann, besteht in den Sterbesakramenten wie der Krankensalbung, dem Sakrament der Versöhnung und der Wegzehrung als dem eigentlichen Sterbesakrament."

Höhepunkt der Koch-Rede war schließlich seine Schmeichelei für Papst Benedikt XVI., der im Jahre 1977 die Erkenntnis gewonnen hatte: „Der Tod wird zum Schlüssel für die Frage, was eigentlich der Mensch ist." Koch würdigte diesen inhaltsarmen Satz als eine „sensible Diagnose", und der sensible Diagnostiker bedankte sich für das freundliche Lob: Er erhob Bischof Koch in den Kardinalsstand.

Zurück zur Neuen Zürcher Zeitung: Da die „aufgeklärten kirchlichen Kreise" mit Sicherheit nicht in der Schweizer Bischofskonferenz zu finden sind, kann nur die evangelische Kirche gemeint gewesen sein. Was aber die evangelische Kirche in der Schweiz zur Sterbehilfe sagt, lässt sich nicht feststellen, denn *die* evangelische (reformierte) Kirche in der Schweiz gibt es nicht, sondern zahlreiche Einzel-Kirchen. Die Vielfalt ist deutlich größer als in Deutschland. Es gibt auch keinen Repräsentanten, der – vergleichbar dem EKD-Ratsvorsitzenden – *die* Reformierten in der Schweiz repräsentiert.

Von den Kirchen-Dachverbänden ist der Schweizerische Evangelische Kirchenbund (SEK) der namhafteste. Aber auch er hat mit der Meinungsvielfalt der ihn tragenden Einzel-Kirchen zu kämpfen. Das wird deutlich an der Vernehmlassungsantwort des SEK-Rates vom März 2010.[134] Diese Stellungnahme zum Bundesrats-Entwurf eines Sterbehilfegesetzes ist ein Sammelsurium wolkiger Kompromissformeln. Nimmt man beispielsweise den Satz: „In Zukunft sollte Suizidhilfe – sofern sie unvermeidbar ist als ultimative Handlungsoption – im Rahmen einer umfassenden palliative-care-Versorgung integriert werden", so findet sich darin als einzige klare Aussage die Ablehnung eines gesetzlichen Suizidhilfe-Verbots. Was aber „unvermeidbar" und „ultimativ" sein soll, bleibt in dem Satz unklar und in den restlichen 12 Seiten des Textes auch.

Immerhin schränkt evangelischer Meinungswirrwarr die bürgerlichen Freiheitsrechte weniger ein als katholischer Dogmatismus.

3)   Bundesrätin Simonetta Sommaruga

Fester Bestandteil der Politik in Deutschland ist das Lamento über die wachsende Politikverdrossenheit. Dass die Menschen draußen im Lande immer verdrossener werden, wird unter anderem damit erklärt, dass Ministerämter meist nach innerparteilichem Proporz und selten nach beruflicher Qualifikation verteilt werden. In der Regierungszeit von Ulla Schmidt als Bundesgesundheitsministerin herrschte in der deutschen Ärzteschaft die einmütige Ansicht, unsere Gesundheitspolitik sei deshalb so verheerend, weil Ministerin Schmidt als ehemalige Lehrerin mit der komplexen Materie völig überfordert sei. Frau Schmidt wurde von einem Fachmann beerbt, Ex-Stabsarzt Dr. Rösler, ihm folgte ein typischer Polit-Generalist: der arbeitslose Daniel Bahr, der früher einmal als Bankkaufmann tätig gewesen war. Worin unterschieden sich die Monate, in denen ein Arzt Gesundheitsminister war, von den Monaten davor und denen danach? In nichts. Die Ziellosigkeit der deutschen Gesundheitspolitik und ihr intellektuelles Niveau wurden durch die zwei Ministerwechsel in keiner Weise beeinflusst.

Nach der Fukushima-Katastrophe lag es in der Hand einer promovierten Physikerin, Konsequenzen für die deutsche Energiepolitik zu ziehen. Vermutlich gab es weltweit keinen Regierungschef, der für die Bewertung einer Nuklearkatastrophe beruflich qualifizierter gewesen wäre als Angela

Merkel. War deshalb der von ihr durchgesetzte Atomausstieg richtig? Wie wäre es Deutschland mit Anne-Sophie Mutter als Bundeskanzlerin ergangen, einer Geigerin von Weltrang, die außer Musik- und privatem Schulunterricht keine weiterführende Ausbildung vorzuweisen hat?

Angenommen, Frau Mutter als fiktive Kanzlerin wäre weniger ängstlich als die reale, wäre offener im Umgang mit ihrer näheren Umgebung, würde weniger darauf achten, was andere von ihr halten, und hätte – vor allem – politische Visionen, die ihr mehr am Herzen lägen als Meinungsumfragen, dann wäre eine Geigenvirtuosin fürs Kanzleramt nicht weniger geeignet als eine Physikerin – auch in Zeiten der Nuklearkatastrophe von Fukushima.

Dr. Eveline Widmer-Schlumpf hatte die denkbar beste Qualifikation für das Amt der Schweizer Justizministerin. Geboren 1956, studierte sie Jura an der Universität Zürich, wurde dort auch promoviert und arbeitete von 1987 bis 1998 als Rechtsanwältin und Notarin. Danach war sie acht Jahre lang Mitglied der Graubündener Kantonsregierung. Vom 1. Januar 2008 bis zum 1. November 2010 war sie Vorsteherin des Eidgenössischen Justiz- und Polizeidepartements EJPD (gleichbedeutend mit Schweizer Justizministerin).

Schon bald nach Amtsübernahme ließ sie im EJPD Entwürfe für ein Schweizerisches Sterbehilfegesetz erarbeiten und versetzte damit die ganze Schweiz in Unruhe, nicht nur die unmittelbar betroffenen Sterbehilfe-Organisationen. Im Oktober 2009 wurde ein Vorentwurf mit zwei Varianten in die Vernehmlassung geschickt (Vernehmlassung heißt, dass Kantone, Parteien, Verbände und Privatpersonen Gelegenheit zur Stellungnahme erhalten.) Die eine Variante sah ein vollständiges Verbot von Sterbehilfeorganisationen vor, die andere immer noch eine starke Reglementierung der bislang praktizierten Sterbehilfe. Es wurde viel Kritik an beiden Varianten geübt, aber nach den gesetzgeberischen Vorarbeiten des EJPD und zahlreichen öffentlichen Äußerungen von Bundesrätin Widmer-Schlumpf gab es keine Hoffnung, dass die liberale Sterbehilfe-Praxis der Schweiz fortbestehen würde.

Am 1. März 2010 endete das Vernehmlassungsverfahren, und 136 Stellungnahmen waren auszuwerten.[135] Am 17. September 2010 nahm der Bundesrat den Vernehmlassungsbericht des EJPD zur Kenntnis und entschied sich für die Reglementierungs-Variante, forderte aber eine grundlegende Überarbeitung im Lichte der Vernehmlassungsergebnisse.

Wenige Tage später, am 22. September 2010 wurde Simonetta Sommaruga von der Bundesversammlung in den Bundesrat gewählt. Eveline Widmer-Schlumpf nutzte die Gelegenheit, ins Eidgenössische Finanzdepartement EFD zu wechseln. So wurde Simonetta Sommaruga am 1. November 2010 als Vorsteherin des EJPD Schweizer Justizministerin.

Sommaruga wurde 1960 in Sins (Kanton Aargau) geboren und wuchs als drittes von vier Kindern in einem katholischen Elternhaus auf. Sie besuchte das christlich-humanistische Privatgymnasium Immensee (Kanton Schwyz). Nach der Matura folgte 1980 bis 1983 die Ausbildung zur Pianistin am Konservatorium Luzern (Lehrdiplom) mit Weiterbildungen in Rom und San Francisco. Danach folgten Konzerttätigkeit und pädagogische Arbeit am Konservatorium Fribourg sowie eine Organistenstelle an der katholischen Kirche St. Jean. Simonetta Sommaruga war Gemeinderätin, dann Nationalrätin und vertrat seit 2003 den Kanton Bern im Ständerat.

Wie ging Simonetta Sommaruga mit dem juristisch komplexen Sterbehilfe-Entwurf um, den ihre Vorgängerin ihr hinterlassen hatte? Mit Schweigen. Sie bat um Verständnis, sich erst einmal in die Materie einarbeiten zu wollen und sagte ansonsten nichts zum Thema.

Als sie sich im Frühjahr 2011 dann doch äußerte, beschränkte sie sich auf den Hinweis, das Thema sei „hochaktuell", und der Bundesrat werde sich bald dazu äußern.[136] Das tat er am 29. Juni 2011 und beschloss auf Vorschlag von Simonetta Sommaruga – nichts. Oder doch, er beschloss einen 45 Seiten umfassenden Bericht, in dem das EJPD ausführlich begründete, warum der Verzicht auf eine gesetzliche Regelung der Sterbehilfe besser sei als alle ins Auge gefassten Entwürfe.[137]

In der Medienkonferenz des Bundesrates (vergleichbar unserer Bundespressekonferenz) am 29. Juni 2011 sagte Simonetta Sommaruga: „In den zahlreichen Gesprächen, die ich in den vergangenen Monaten geführt habe, habe ich festgestellt, dass das Thema Suizid und Suizidhilfe bei den meisten Menschen mit Erfahrungen aus dem eigenen Umfeld oder mit ganz persönlichen Vorstellungen verbunden ist. Es ist deshalb verständlich, dass die Diskussionen zu den Themen Suizid und Suizidhilfe oft sehr heftig und leidenschaftlich geführt werden. Schließlich ist die Betroffenheit groß und die Fragen von Leben und Tod sind bei uns allen mit starken Gefühlen verbunden. Umso wichtiger ist es, dass die Politik, wenn sie sich zu diesem Thema äußert, dies mit Sorgfalt und mit Respekt gegenüber den unterschiedlichen Vorstellungen und Erwartungen tut."[138]

Und wie äußert sich die deutsche Politik zum Thema? Wer „jeder Art von aktiver Sterbehilfe ein klares Nein entgegenschmettern" will (siehe oben S. 35), zeigt ein deutlich anderes Verständnis von Sorgfalt und Respekt.

Bei einem Interview mit dem „Beobachter"[139] wollte der Fragesteller die Sozialdemokratin Sommaruga mit dem Vorhalt provozieren, sie habe den Verzicht auf ein Sterbehilfe-Gesetz fast bis in die Wortwahl gleich begründet wie ihr Vorvorgänger Christoph Blocher (SVP – rechtskonservativ).

Antwort Sommaruga: „Meine Politik lege ich aus meiner Überzeugung heraus fest und nicht in Abgrenzung zu meinem Vorvorgänger. Bei der Suizidhilfe sind wir zum gleichen Ergebnis gekommen. Wieso nicht?"

Zu den vielen Superlativen, die die Schweiz seit jeher auszeichnen, hat das Land seit November 2010 auch noch die beste Justizministerin weit und breit.

Vielleicht könnte eine Musikerin im deutschen Bundeskabinett zumindest dafür sorgen, dass der ethische Rückstand Deutschlands gegenüber der Schweiz nicht weiter wächst.

4) Werner Kriesi: Das Buch Hiob

„Meine Windeln stinken zum Himmelreich, jedes Mal wenn sie mir von einer Pflegerin gewechselt werden. Keinen Tag länger will ich diese Schmach aushalten, egal, ob andere das können oder nicht", erklärte mir kürzlich eine 85-jährige Frau in einem Pflegeheim. „Ohne Antibiotika und Herzschrittmacher wäre ich ohnehin schon lange nicht mehr am Leben. Aber, wissen Sie, ich wurde in einer sehr gläubigen Familie erzogen und als Pfarrer kennen Sie die Antwort der Kirchen auf die Frage der Sterbehilfe."

Auf die Frage der Sterbehilfe antworten die Kirchen gerne mit einem Verweis auf Hiob aus dem Alten Testament, der alles verlor: Raubbanden von Saba stahlen seine Rinderherden und töteten die Hirten; ein Feuer Gottes fiel vom Himmel und vernichtete seine Schafherden; die Chaldäer raubten ihm die Kamelherden und brachten ihre Wächter um; seine Söhne und Töchter starben während eines Festgelages, als der Wind aus der Wüste die vier Ecken des Hauses packte und die Trümmer auf die jungen Leute warf.

Als Hiob diese Botschaften vernahm, stand er auf, zerriss sein Kleid, raufte sein Haupt, fiel auf die Erde und sprach: *Ich bin nackt von meiner Mutter Leibe gekommen, nackt werde ich wieder dahinfahren. Der Herr hat's gegeben, der Herr hat's genommen; der Name des Herrn sei gelobt!*

Das Hiobbuch ist eine wichtige Quelle der alttestamentarischen Auffassung, Gott der Herr sei der alleinige Herrscher über Leben und Tod. Er, der allmächtige Schöpfer, der alles, was auf dieser Erde existiert, ins Leben rief, hauchte dem Menschen als seinem Ebenbild seinen göttlichen Lebensatem ein. Auf mannigfache und unergründliche Weise nimmt Gott Einfluss aufs irdisch-menschliche Leben. Er belohnt und bestraft, je nach des Menschen Verhalten, und schließlich – gemäß seinem „unerforschlichen Ratschluss" – lässt er seine Geschöpfe auch wieder sterben.

So weiß sich der Mensch in Freud und Leid, in glücklichen Tagen und in Zeiten eines schweren Schicksals getragen und begleitet, denn Gott weiß, was er tut, und er weiß auch warum – und der Mensch darf sich getrost und beruhigt dem höheren Willen Gottes anvertrauen. Dieser Glaube durchzieht die ganze Bibel, und wer sich „durch Gottes Gnade" in diesen Glauben einbetten darf, erfährt eine tiefe metaphysische Geborgenheit, die seinem Leben Kraft verleiht und einen Sinn schenkt, der weit über dieses irdische Leben hinausweist.

Wer wollte sich anmaßen, solchen Glaubensüberzeugungen den Respekt zu versagen? Wenn auch die Mehrheit der Menschen, die in den säkularisierten Ländern des Westens leben, diesem Glauben entwachsen ist, ändert dies nichts an seiner Erhabenheit. Der Mensch, der ein schweres Schicksal erleidet, dieses früher oder später, ähnlich wie Hiob, bewältigen kann und nicht daran zerbricht, erfährt die schöpferische psychische Dynamik, welche der Gottesglaube freizusetzen vermag. Beispiele solcher Menschen finden wir genug. Ich denke an Leute wie Dietrich Bonhoeffer, Martin Luther King und unzählige andere, die bis heute im Gedächtnis unserer Gesellschaft lebendig geblieben sind.

Im weiteren Verlauf des Buches wird Hiob von „Freunden" besucht, die ihm in endlos langen und dramatischen Reden klar machen wollen, sein Unglück sei eine verdiente göttliche Antwort auf offene oder verborgene Schuld. Wer Gottes Gesetz befolge, werde belohnt mit Erfolg, Glück und Ansehen. Gott strafe und belohne stets gemäß menschlichem Verhalten. Somit könne das Unglück, das Hiobs Leben zerstörte, nichts anderes bedeuten als die unausweichliche Strafe des unbestechlichen Gottes, des Herrn über alles Leben. Hiob protestiert leidenschaftlich gegen diese Straf- und Belohnungstheologie.

Wer sich mit der Bibel befasst, stößt auf viele solche Stellen. Bis zum heutigen Tag quälen sich Menschen, die ein schweres Schicksal erleiden, mit der Frage: Wie habe ausgerechnet ich das verdient?

Sämtliche Zeugnisse über Gott, die wir in den „Heiligen Schriften" des alten und des neuen Testamentes vorfinden, sind persönliche Bekenntnisse von Menschen in konkreten Lebenssituationen. Zugleich sind diese Bekenntnisse vom archaischen Weltbild der damaligen Zeit geformt. Glaubensbekenntnisse, so leidenschaftlich und mit wie viel Herzblut auch immer sie vorgetragen werden, können aber nie den Anspruch auf allgemeine Gültigkeit erheben.

Aus solchen Ur-Texten, wie wir sie im Buche Hiob und an zahlreichen anderen Stellen in der Bibel vorfinden, entwickelte die Kirche über Jahrhunderte ein geschlossenes dogmatisches Lehrgebäude, das sie mit der politischen Macht, die sie besonders im Mittelalter besaß, als für ausnahmslos alle Menschen verpflichtend durchsetzte. Frei flottierende Gottesgeschichten, Engelserscheinungen, Visionen und Auditionen religiöser Botschaften, die sich umherziehende Nomaden am Lagerfeuer erzählten, wurden durch die spätere Kanonisierung zur „Heiligen Schrift" und dadurch in den Rang von ewig gültigen göttlichen Wahrheiten erhoben.

Wehe, wer sich dem Dogma der Kirche widersetzte. Zahllose bezahlten solches Aufbegehren mit ihrem Leben oder mindestens mit dem Verlust ihres Eigentums. Entehrt und geächtet, flohen zu allen Zeiten „Aufwiegler" und „Ketzer", die der Lehre der Kirche widersprachen, quer durch die Kontinente, um sich vor den kirchlichen Scheiterhaufen zu retten. Bis ins 19. Jahrhundert wurden Menschen aus ihrer Heimat vertrieben, wenn sie – um ein Beispiel zu nennen – die offizielle kirchliche Trinitätslehre ablehnten. Nordamerika wurde, wie wir wissen, vor allem von Menschen besiedelt, die aus religiösen Gründen ihre europäische Heimat mit Frau und Kindern verlassen mussten, meist unter Verlust ihrer gesamten Existenzgrundlage.

Wir haben dank der europäischen Aufklärung eine jahrhundertlange Entwicklung hinter uns, die hoffentlich den blutigen Glaubensterror der mittelalterlichen Kirche zu einem abgeschlossenen und nie wiederkehrenden Kapitel unserer Geschichte macht.

Gott als der „alleinige Herr über Leben und Tod"? Ein einziger Blick in die Geschichte genügt, und wir blicken in die Fratze der zahllosen irdischen Herren über Leben und Tod, die als Pharaonen und Cäsaren, als Diktatoren und Feldherren, ungehindert vom christlichen Gott, oft sogar in seinem Namen, millionenfach gefoltert, getötet und ganze Völker in Blutbäder gestürzt haben, dies nicht nur in der Vergangenheit, sondern bis in unsere Gegenwart.

Wo bleibt da die Allmacht des alleinigen Gottes über Leben und Tod, wie sie Sonntag für Sonntag in Kirchen jeglicher Denomination verkündet wird? Warum fällt Gott diesen irdischen Schlächtern nicht in den Arm, bevor sie ihr Unheil angerichtet haben? Er lässt sie gewähren. Und dieser Gott soll unerträglich leidenden Menschen verbieten, in eigenverantwortlicher Entscheidung ihrem Leiden mittels einer sorgfältig gestalteten Sterbehilfe ein humanes Ende zu setzen?

Was ist mit den Millionen von Menschen, die Jahr für Jahr durch Naturkatastrophen, Seuchen und Hunger umkommen? Derselbe Gott, der millionenfaches Krepieren derjenigen zulässt, die er nach seinem Ebenbild geschaffen hat – ausgerechnet dieser Gott soll Sterbehilfe verbieten? Eigenständig denkende Menschen werden sich diesen offensichtlichen Widerspruch von Theologen weder erklären noch ausreden lassen. Wenn Gott doch will, dass wir leben, und diesem Gott zugleich Allmacht zugesprochen wird, warum dann das namenlose Elend auf dieser Erde? Welches Maß an theologischen Absurditäten gestatten sich die kirchlichen Oberhäupter?

Eine enge Verbindung mit der religiösen Überzeugung, Gott der Herr sei der alleinige Herrscher über Leben und Tod, besteht in der ebenso verbreiteten kirchlichen Botschaft, das Leben des Menschen sei ein „Geschenk Gottes". Ich habe gläubige Menschen in den Tod begleitet, die in diesem Glauben lebten und sich trotzdem nicht daran hindern ließen, ihrem hoffnungslosen Leiden selbstbestimmt ein Ende zu setzen. Wieso soll ein gläubiger Christ, nur weil er sein Leben als Geschenk Gottes betrachtet, im Umgang mit diesem Geschenk seine Autonomie verlieren?

Wie kommen Theologen überhaupt dazu, derart selbstverständlich und generalisierend das menschliche Leben als „Geschenk Gottes" zu begreifen?

Nur ein kurzer Blick in die Geschichte der Menschheit genügt, um an die Millionen zu denken, für die das Leben nichts anderes war und ist als Fron, Elend und Entbehrung. Die Sklaven Pharaos, die in der sengenden Hitze Steine schleppten; die römischen Sklaven der Latifundienbesitzer, die jeden Morgen auf die Äcker gepeitscht wurden; die Leibeigenen des Mittelalters, die ihren kirchlichen und weltlichen Herrschern die Ernte abliefern mussten, die sie dem kargen Boden mühsam abgerungen hatten; das Industrieproletariat im 19. Jahrhundert in Europa, das in dreckigen Kellerlöchern hauste; und die Hunderten von Millionen, die heute in aller Welt in den verdreckten Slums unserer Megametropolen ihr Dasein fristen! Das Leben solcher Menschen zum Geschenk Gottes zu deklarieren – ist eine noch schlimmere Zumutung denkbar?

Was sind das für Leute, denen solche Bekenntnisse wie Honigseim von den Lippen fließen? Das darf man sich wohl fragen: Kirchliche Publizisten, Ethiker, Theologen und Mitglieder von Kirchenleitungen. Nicht zu vergessen die römische Kurie und in ihrem Gefolge Kleriker jeden Grades. Das sind wohl Menschen, die im reichen Westen in Wohlstand und politischer Sicherheit leben dürfen. Vor allem sind es akademisch geschulte Leute, die privilegiert, in angesehener Position, im gut geheizten Büro ihre Artikel schreiben, Reden und Predigten entwerfen und diese in Konferenzen und Gottesdiensten vortragen.

Man schaue genau, woher solche Bekenntnisse kommen! Dann entdeckt man auch den zynischen Einschlag, sobald man solche Formeln im Kontext des Lebens der Nicht-Privilegierten betrachtet. Wie viele quälen sich durch ihr Leben, leiden an der schreienden sozialen Ungerechtigkeit, leiden an genetisch bedingten Krankheiten, werden als Angehörige der untersten sozialen Schicht von Vorgesetzten schlecht behandelt und noch schlechter entlohnt. Im Milieu benachteiligter Menschen habe ich noch nie gehört, dass diese ihr Leben als Geschenk Gottes verstehen würden.

Als in den Jahren 1914 und 1939 Millionen von jungen Menschen in aberwitzige Kriege gejagt wurden, die von europäischen „Herren über Leben und Tod" vom Zaun gebrochen worden waren – wo war der Aufschrei der damaligen Theologen und Ethiker? War denn das Leben dieser bedauernswerten jungen Menschen, die in den versumpften Schützengräben zerrissen wurden, nicht auch ein Geschenk Gottes? Es geht mir hier nicht darum, die Kirchen anzuklagen, weil damals die meisten Theologen und Pfarrer keinen oder wenig Widerstand gegen die Herren des Krieges geleistet hatten.

Ich möchte lediglich die Absurdität aufzeigen, dass ausgerechnet in der Debatte um Sterbehilfe das Glaubensbekenntnis vom Leben als Geschenk Gottes einen derartigen Raum einnimmt und ein gewichtiges Argument dafür sein soll, dass die Menschen sich deswegen die Freiheit nicht nehmen dürften, ihrem Leiden ein Ende zu setzen. Irgendwann endet unser Leben, selbst für gläubige Menschen, die ihr Leben als Geschenk Gottes erfahren und dies auch bekennen.

Wenn aber dieses Geschenk nur noch Qualen verursacht? Wenn trotz guter Pflege ein langer Sterbeprozess kaum mehr auszuhalten ist? Wenn nach mehr als zwanzig Jahren vollständiger Invalidität sich ein Mensch nur noch nach dem erlösenden Tod sehnt? Wenn Hochbetagte die Seh- und Hörkraft verloren haben, nicht mehr gehfähig, im Rollstuhl ihre nur mangelhaft stillbaren Schmerzen ertragen müssen, jeden Tag einige Male gewindelt, mit fünfzehn Medikamenten pro Tag künstlich am Sterben gehindert werden, nicht mehr in der Lage, sich selber anzukleiden – soll in solchem Zustand, der vom Betroffenen selber als unwürdig empfunden wird, die Bitte um Suizidhilfe verweigert werden, weil theologische „Richtigkeiten" einen höheren Rang genießen als Mitgefühl und Barmherzigkeit?

Den Kirchen ist es unbenommen, alle modernen Möglichkeiten der Verkündigung von Facebook bis Twitter zu nutzen, um ihren Einfluss in der

Sterbehilfe-Diskussion geltend zu machen. Wer es glaubt, dass Gott der alleinige Herr über Leben und Tod sei und dass es aus diesem Grunde verboten sei, seinem Leben ein selbstbestimmtes Ende zu setzen, darf das glauben und auch danach handeln. Wer soll einem gläubigen Menschen diese Freiheit antasten?

Gläubige Menschen, die trotz aller bitterbösen und kaum bestreitbaren Erfahrungen mit den irdischen Herren über Leben und Tod an ihrem Glauben festhalten wollen, Gott allein sei Herr über Leben und Tod, werden in diesem Glauben überall respektiert. Ihrer Rigorosität werden in unseren säkularen Gesellschaften keine Hindernisse in den Weg gelegt. Diese Menschen genießen auch die Freiheit, ihr Leiden bis zum bitteren Ende durchzuhalten, ohne dass ihnen Sterbehilfe in irgendeiner Form aufgenötigt würde.

Für einige dieser Gläubigen bedeutet es vielleicht schon eine Zumutung anzuerkennen, dass ihre Überzeugung auf einem persönlichen Glaubensbekenntnis beruht, das weder zu beweisen noch zu widerlegen sich eignet. So wie sie ihre Freiheit in Anspruch nehmen, müssen sie aber auch denen dieselbe Freiheit konzedieren, die sich von der Kirche losgesagt haben. Der säkulare Staat hat nicht das Recht, einigen Gläubigen zuliebe alle Bürger auf ein kirchliches Bekenntnis zu verpflichten.

Das muss die Aufgabe der Kirche bleiben, und zwar beschränkt auf ihre Mitglieder. Allerdings tut sich die Kirche auch damit immer schwerer. Eine Kirche, die theologische Prinzipien über die Bedürfnisse und Leiden der Menschen stellt, die nicht bereit ist, sich auf die Folgen des medizinischen Fortschrittes, insbesondere auf die zunehmende Lebenserwartung einzulassen, bedeutet allenfalls noch ein gesellschaftliches Ärgernis und hat im gegenwärtigen Meinungsaustausch wenig Aufmerksamkeit verdient.

Sollte es der Theologie nicht gelingen, den Glauben an Gott mit den Erfahrungen der heutigen Zeit in Einklang zu bringen, werden die Kirchen noch schneller als bisher zu Randerscheinungen unserer Gesellschaft schrumpfen.

F)   Würdenträger

Die Zahl der Würdenträger in Deutschland ist groß, die Zahl derer, die sich selbst dazu zählen, noch viel größer. Selbst wenn man alle ausschlösse, die sich in den letzten Jahren *nicht* zur Suizidassistenz geäußert haben, bliebe immer noch eine dreistellige Zahl. Dass hier nur drei dieser bedeutenden Zeitgenossen vorgestellt werden, soll verhindern, dass die Kapitel F (Würdenträger) und G (Dissidenten) im Umfang allzu weit auseinander driften. Mehr als zwei Dissidenten waren nicht zu finden.

1)   Robert Zollitsch

Robert Zollitsch wurde 1938 in Philippsdorf im ehemaligen Jugoslawien geboren. Von 1960 bis 1964 studierte er Theologie in Freiburg i.Br. und München. 1965 Priesterweihe in Freiburg, 1974 Promotion zum Dr. theol., anschließend Direktor des Erzbischöflichen Theologenkonvikts Collegium Borromaeum in Freiburg. Ab 1983 war Zollitsch Personalreferent des Erzbischofs von Freiburg, 2003 wurde er als dessen Nachfolger selber Erzbischof. Im Februar 2008 folgte er Kardinal Karl Lehmann als Vorsitzendem der Deutschen Bischofskonferenz.

Lehmann war nach 21-jähriger Amtszeit vom Vorsitz der Deutschen Bischofskonferenz zurückgetreten. Nachdem Erzbischof Zollitsch für eine sechsjährige Amtszeit als Nachfolger gewählt war, lobte domradio.de den neuen Vorsitzenden: Schon kurz nach Amtsantritt sei es ihm „gelungen, seinen schnörkellosen Stil an die Stelle des komplizierteren, immer wieder von theologisch-historischen Exkursen bestimmten Lehmann-Stils zu setzen. Zollitsch rede so, wie er denkt."[140]

Denkt er auch so, wie er predigt? Alle Predigten von Erzbischof Robert Zollitsch – liebevoll mit Bischofswappen als PDF-Datei gespeichert – kann man auf der Homepage der Erzdiözese Freiburg nachlesen, Wort für

Wort, Predigt für Predigt, von 2003 bis heute insgesamt 178 an der Zahl. Aus diesem ominösen Opus, das sicher dereinst als mehrbändiges Werk erscheinen wird, sei die Predigt vom 15. August 2010 herausgegriffen. An diesem Tag zelebrierte Erzbischof Zollitsch im Freiburger Münster Unserer Lieben Frau das Hochfest der Schutzpatronin der Erzdiözese Freiburg Mariä Aufnahme in den Himmel unter der Leitüberschrift „Gottes Liebe empfangen und weiterschenken." Die Badische Zeitung berichtete ausführlich;[141] auch domradio.de brachte einen Beitrag.[142] Hier ein Ausschnitt aus der Predigt:[143]

„Papst Johannes Paul I. hat das Wort geprägt: Habt Respekt und Hochachtung vor Eurem Leib und dem anderer Menschen. Gott wohnt in ihm. Der menschliche Körper, liebe Schwestern, liebe Brüder, wird heute gleichzeitig hoch und gering geschätzt: Hoch in den Sportarenen, an den Stränden, in der Werbung und auf den Laufstegen der Modebranche. Stark, gesund, schön sein und gut gekleidet, das ist oft das erträumte Ideal. Und wie groß ist zugleich allein schon die Angst davor, die Haare zu verlieren oder gebrechlich zu werden. Es gibt aber auch die andere Seite der Medaille: Politische Gefangene, in Gefängnissen und Lagern gefoltert, und überall auf der Welt Menschen, deren Leib von Terror und Krieg gezeichnet sind. Menschen bringen Menschen um, schmieden Waffen, nicht nur um sich zu schützen, sondern um Leben zu vernichten. Es war längst überfällig, dass zum ersten August die Streubombenkonvention der Vereinten Nationen in Kraft getreten ist, die die Herstellung, Lagerung, den Handel und Einsatz der gefährlichen Munition verbietet. Aber das allein reicht nicht aus. Es muss uns nachdenklich stimmen, wenn Deutschland der drittgrößte Rüstungsexporteur der Welt ist.

Unsere Aufgabe ist es, die Würde eines jeden Menschen zu achten und zu schützen; unsere Aufgabe ist es, Gewalt und Aggression zuvorzukommen und Frieden durch Gerechtigkeit und Solidarität herbeizuführen. Unsere Aufgabe ist es, Körper und Gesundheit zu achten. Wo immer Menschen ihren Körper bewusst schädigen oder gar zerstören – etwa durch den Konsum von Drogen, Alkoholmissbrauch oder gar das sogenannte ‚Komasaufen' – versündigen sie sich gegen ihren von Gott geschenkten Leib. Und wie viel Leid und Not entstehen in unserer schnelllebigen und oft unübersichtlichen Welt durch ‚Streubomben des Egoismus', durch Mobbing, Konkurrenz und Neid. Wie viel Geringachtung und Abwertung gegenüber dem Leben, das Gott uns schenkt, kommen zum Ausdruck, wenn Kinder im Mutterleib getötet werden oder wenn der Ruf nach Freigabe der Euthanasie und aktiven Strebehilfe laut wird. Gerade das Hochfest Mariä Himmelfahrt erinnert uns an die große Wertschätzung des Menschen durch Gott. Es sagt uns klar und deutlich: Habt Respekt vor dem Menschen, vor dem Leben und auch Hochachtung vor Eurem Leib und dem eines jeden Menschen! Gott wohnt in ihm."

Gleichzeitige Hoch- und Geringschätzung des menschlichen Körpers / Laufstege / Haarverlust, und auf der anderen Seite der Medaille politische Gefangene / deutsche Rüstungsexporte / Komasaufen / Streubomben des Egoismus / Mobbing / Euthanasie / große Wertschätzung des Menschen durch Gott, der in dessen Leib wohnt: Will ein Kabarettist das Ritual einer katholischen Messe karikieren, braucht er sich keinen eigenen Predigttext auszudenken. Originalton Zollitsch lässt sich nicht übertreffen.

Allenfalls von ihm selbst, zum Beispiel mit dieser Predigt: „Viele machen sich auch ihre Religion selbst zurecht – Patchwork-Religion. Wir legen Hand an den Embryo und – unter dem verführerischen Titel ‚aktive Sterbehilfe' – auch an die Alten. Der geklonte Mensch, der Mensch aus der Retorte führt uns in Versuchung, uns selbst als Schöpfer aufzuspielen. Dabei scheinen wir nicht einmal die Globalisierung in den Griff zu kriegen, und versagen schlichtweg vor den Problemen des Klimawandels. All das begegnet uns, prägt die Menschen unserer Zeit und bestimmt damit auch den Weg unserer Pastoral."[144]

Das Deutsche Ärzteblatt befragte den Vorsitzenden der Deutschen Bischofskonferenz zum Thema Sterbehilfe: „Inwieweit sollte das Selbstbestimmungsrecht der Patienten beachtet werden, und wo stößt es an Grenzen?" Antwort Zollitsch: „Es gibt Grenzen des Selbstbestimmungsrechts, vor allem am Lebensende."[145]

Deutschlandradio Kultur fragte in einem Telefoninterview: „Haben Sie möglicherweise Angst vor dem Thema Sterbehilfe? Auch dies wirft Ihnen Roger Kusch vor." Antwort Zollitsch: „Bei Sterbehilfe geht es mir jetzt nicht darum, dass nicht das, wenn ein Mensch selber etwas sagt, ich will jetzt keine lebensverlängernden Medikamente mehr, wenn es nur darum geht."[146]

War nach alledem Erzbischof Robert Zollitsch für das Ansehen der katholischen Kirche in Deutschland die richtige Wahl als Vorsitzender der Bischofskonferenz?

Sein Amtsbruder Kardinal Joachim Meisner ist bekannter, wird allerdings den Negativ-Klischees gerecht, die der katholischen Kirche in Deutschland anhaften: Überheblich im Auftreten mit herrisch-maskenhaftem Gesichtsausdruck, stets scharf in der Wortwahl, streitet Meisner kompromisslos für die Glaubenswerte des Mittelalters. Wer in Deutschland der katholischen Kirche kritisch gegenübersteht, braucht seine Ablehnung weder zu erläutern noch zu begründen. Ein Verweis auf Kardinal Meisner genügt.

Erzbischof Robert Zollitsch weckt andere Gefühle. Unbestimmt der Gesichtsausdruck, linkisch die Gesten, in der Wortwahl oft unbeholfen, lässt er bei Fernseh-Interviews den Zuschauer mitfiebern, ob der Gedankengang, den er sich gerade vor laufender Kamera hart erarbeitet, ein gutes Ende nimmt.

Die Enthüllung zahlreicher Fälle sexuellen Missbrauchs hat der katholischen Kirche schwer geschadet. Die stammelnde Erschütterung, mit der Erzbischof Robert Zollitsch auf die Flut immer neuer Vorwürfe reagierte, verstärkte keineswegs den Abscheu gegen die Kirche, sondern ließ im Gegenteil den Erzbischof persönlich integer erscheinen. Sogar

90

die Beschuldigung, er selbst habe Missbrauchsfälle vertuscht, hat seinem Ansehen nicht geschadet. Die hilflose Zerknirschtheit wirkt bei Robert Zollitsch echt – für dieses Erscheinungsbild kann die katholische Kirche ihrem obersten Repräsentanten in Deutschland nur dankbar sein.

2)   Wolfgang Huber

Wolfgang Huber wurde 1942 in Straßburg geboren und wuchs in Freiburg i.Br. auf. Nach dem Theologiestudium in Heidelberg, Göttingen und Tübingen war er Vikar und Pfarrer in Württemberg. Promotion 1966, Habilitation 1972. Von 1980 bis 1984 war er Professor für Sozialethik an der Universität Marburg, danach bis 1994 Professor für Systematische Theologie an der Universität Heidelberg. Seit 1994 war er Bischof der Evangelischen Kirche Berlin-Brandenburg und seit 2003 Ratsvorsitzender der EKD. Beide Ämter endeten im November 2009, als er in den Ruhestand trat.

Wie viele Ruheständler hat Wolfgang Huber mehr um die Ohren als zuvor im aktiven Berufsleben. Auf seiner Homepage informiert er über sich (in der dritten Person):[147] „Heute widmet sich Wolfgang Huber vor allem der Wertevermittlung in Wirtschaft und Gesellschaft. Seine Schwerpunkte liegen dabei in den Bereichen Wirtschaftsethik, Bildung und Bioethik. Er arbeitet als Publizist und Theologie-Professor an der Berliner Humboldt-Universität und in Heidelberg. Daneben hat er zahlreiche Ehrenämter inne. So ist er Mitglied im Deutschen Ethikrat. Wolfgang Huber hält Vorträge und berät ausgewählte Institutionen aus Wirtschaft, Politik, Medien und Gesellschaft sowie Führungskräfte in ethischen, gesellschaftlichen und religiösen Fragen.“

Dass ein Mann vom Range Wolfgang Hubers nur „ausgewählte" Institutionen berät, versteht sich von selbst. Leider schweigt er zu den Auswahlkriterien. Entscheidend ist sicherlich die spirituelle Tiefe der Fragen, nicht die Höhe des Honorars.

Sucht man im vielfältigen Wirken von Wolfgang Huber nach den Licht- und Schattenseiten, dann erstrahlen seine Predigten besonders hell. Psalm 48 Vers 13 ist ein spröder Predigttext: „Machet euch um Zion und umfahret sie / zählet ihre Türme." (Luther) „Umkreiset den Zion, umwandelt ihn und zählt seine Türme." (Zürcher Bibel) Von diesen dürren Worten hat sich Huber im Gottesdienst am 10. August 2008 in der Kaiser-Wilhelm-Gedächtniskirche zu einer großartigen Predigt inspirieren lassen.[148] Sie würde nicht nur jede evangelische Predigt- sammlung bereichern, sondern könnte auch in anspruchsvolle Berlin- Reiseführer aufgenommen werden, als Inspiration für einen Abstecher zum Breitscheidplatz.

Wenn Wolfgang Huber zu Sterbehilfe Stellung nimmt, ist der Himmel plötzlich stark bewölkt. Während die Predigten abgewogene Urteile, über- zeugende Argumente und wohlgesetzte Sprache vereinen, findet sich bei Sterbehilfe nur graue Dürftigkeit. Eine Erklärung für diese Diskrepanz lässt sich nicht finden, aber die Dürftigkeit ist zu belegen:

Beispiel 1: Auf www.1000Fragen.de (einer Website der Aktion Mensch) antwortet Huber im Jahre 2002 auf die Frage „Wozu ist Sterbehilfe eigentlich gut?" mit der konventionellen Gegenüberstellung von – christlich generell gebotenem – Beistand und verbotener Tötung auf Verlangen: „Niemand darf die Lizenz zum Töten verlangen und er- halten. Sterbenden sollten wir vielmehr so beistehen, dass ihnen der Wunsch, getötet zu werden, erspart bleibt."[149] Dass einem Wünschenden sein eigener Wunsch „erspart bleiben" soll, ist schon sprachlich nicht gelungen. Vor allem aber ist die Antwort inhaltlich nicht akzeptabel: Huber tut so, als gäbe es zum christlichen Beistand als Alternative nur die Straftat „Tötung auf Verlangen". Den dritten, rechtlich zulässigen Weg unterschlägt er in seiner Antwort. Beihilfe zum Suizid erwähnt er mit keinem Wort.

Beispiel 2: Im Juli 2004 äußert er sich dann doch zur Suizid-Beihilfe: „Niemand darf die Lizenz zum Töten verlangen und erhalten. Deshalb

sprecke ich mich auch gegen die ärztliche Mitwirkung bei der Selbsttötung aus."[150] Es ist Wolfgang Huber unbenommen, sich gegen ärztliche
Suizidassistenz auszusprechen. Immerhin sollte ihm 7 Jahre nach seiner
Äußerung die denkbar machtvollste Zustimmung zuteilwerden, als der
Deutsche Ärztetag im Juni 2011 ein Total-Verbot für ärztliche Suizidassistenz beschloss (siehe unten S. 112). Gleichwohl hält Hubers Begründung einer Analyse nicht stand. Satz 1 (Lizenz zum Töten) bezieht sich
ausschließlich auf Fremdtötung, Satz 2 ausschließlich auf Selbsttötung.
Sowohl in der Handlungsstruktur als auch in der strafrechtlichen Bewertung gibt es zwischen den Sätzen 1 und 2 keinerlei Konnexität. Das Wort
„deshalb" in Hubers Aussage ist logisch nicht haltbar.

Beispiel 3: Im Frühjahr 2005 veröffentlicht die EKD folgende Äußerungen ihres Ratsvorsitzenden: Gott bestimme allen Dingen ihre Zeit.
Der Mensch habe die Aufgabe, zu erkennen, wann was an der Zeit ist.
Das Sterben eines Menschen lasse sich nicht planen. Die EKD-Presse-
erklärung nennt Huber den „obersten Repräsentanten von rund 25,8
Millionen Protestanten in Deutschland."[151] Huber reduziert hier die
Rolle des Menschen auf die wachsame Beobachtung des göttlichen Zeit-
plans. Das ist zwar gedankliches Mittelalter, verletzt aber keine Regeln
der Logik, weil Glaubensbekenntnisse außerhalb dieser Regeln stehen.
Mit der Aussage, Gott bestimme allen Dingen ihre Zeit, steht Bischof
Huber auf unangreifbar-überirdischem Terrain. (Auf diesem Terrain hat
die katholische Kirche, einem persönlichen Wunsch Christi folgend, ihr
Lehramtsgebäude errichtet – siehe oben S. 62). Aber selbst mit diesem
Schutz überirdischer Unangreifbarkeit kommt Wolfgang Huber beim
Thema Sterbehilfe ins Straucheln. Seine Behauptung, Sterben lasse sich
nicht planen, ist irdisch und falsch: Wer täglich Gottes Zeitplan studiert,
kann das eigene Sterben trotzdem abweichend planen. Neben diesem argumentativen Patzer ist Hubers Aussage zudem verfassungswidrig. Unser
Grundgesetz garantiert jedermann volle Planungshoheit bis zum letzten
Atemzug. Mögen 25,8 Millionen Protestanten ihrem Oberhirten folgen
und auf ihr Selbstbestimmungsrecht zugunsten göttlicher Vorbestim-
mung verzichten, so ist es doch erstaunlich, dass Huber diesen Verzicht

auch den übrigen 54,2 Millionen Deutschen abverlangt. Eine Begründung für diese Einmischung in nicht-protestantische Angelegenheiten gibt er nicht.

Beispiel 4: Im Herbst 2007 kündigt die Schweizer Sterbehilfeorganisation Dignitas einen Präzedenzfall in Deutschland an und löst breiten Protest aus. Politiker von SPD und CDU fordern hartes Durchgreifen, Kardinal Karl Lehmann warnt vor einer Kultur des Todes und zieht Parallelen zum Nationalsozialismus.[152] Da muss der EKD-Ratsvorsitzende natürlich in der Wortwahl mithalten. Huber wirft Dignitas „gezielten Rechtsbruch" vor, die Organisation versuche, das Verbot der Tötung auf Verlangen aufzuweichen. Der Plan von Dignitas verstoße gegen deutsches Recht.[153] Huber irrt. Der Plan wurde zwar von Dignitas nie verwirklicht, dafür aber in bislang 40 Fällen von SterbeHilfeDeutschland e.V. – im Einklang mit dem deutschen Recht. Der Irrtum ist freilich nicht dem Theologen Huber vorzuhalten, sondern den juristischen Mitarbeitern des EKD-Kirchenamts in Hannover, die dafür bezahlt werden, den Ratsvorsitzenden vor derartiger juristischer Fehleinschätzung zu bewahren.

Beispiel 5: Wenn Menschen sterben wollen. Unter dieser Überschrift veröffentlicht der Rat der EKD im Herbst 2008 eine Orientierungshilfe zum Problem der ärztlichen Beihilfe zur Selbsttötung.[154] Ratsvorsitzender Huber beklagt im Vorwort, dass der bisherige Grundkonsens in beunruhigender Weise in Zweifel gezogen werde; „es werden Maschinen und Mechanismen zur Selbsttötung vorgestellt und angeboten." In der Tat war ein halbes Jahr zuvor ein Injektionsautomat öffentlich vorgestellt worden. Es waren aber nicht mehrere, es gab keine zusätzlichen Mechanismen, und vor allem wurde er niemandem angeboten — schade, dass der EKD-Ratsvorsitzende das Stilmittel der Übertreibung nicht der Bild-Zeitung überlässt. Wichtiger aber ist sein Appell an die Politik: „Es wird vorgeschlagen, auf politischer Ebene auf das Verbot der geschäftsmäßigen Vermittlung von Gelegenheiten zur Selbsttötung und damit auf ein Verbot von Sterbehilfeorganisationen nach Schweizer Muster hinzuwirken."

Selten ist je ein kirchlicher Appell von solchem Erfolg gekrönt worden: Ein Jahr später vereinbaren CDU, CSU und FDP im Koalitionsvertrag: „Die gewerbsmäßige Vermittlung von Gelegenheiten zur Selbsttötung werden wir unter Strafe stellen" – nahezu wortwörtlich aus Hubers Vorwort abgeschrieben. Dass solch ein neuer Straftatbestand entgegen Hubers Annahme nicht zum Verbot von Sterbehilfeorganisationen führen würde, soll ihm – wie schon beim Irrtum im Dignitas-Präzedenzfall – nicht vorgehalten werden. Ob der politische Etappensieg Hubers zum dauerhaften Erfolg wird, lässt sich noch nicht sagen. Die Mitte der Legislaturperiode ist erreicht, aber gesetzgeberisch hat sich bislang nichts getan. Am Schluss seines Vorworts schreibt Huber: „Gerade angesichts der aktuellen Debatten gilt es, unzweideutig für den Schutz des menschlichen Lebens und seiner Würde vom Anfang bis zum Ende einzutreten. So will es Gott." – Wie gerne hätte Bischof Huber bei einer seiner Rom-Reisen die Glaubenskongregation besucht, um an deren Unfehlbarkeit wenigstens einmal schnuppern zu können!

Beispiel 6: Im Jahre 2010 äußert sich Alt-Bischof Huber zum Lebensschutz: Den könne man nicht gegen andere Güter abwägen.[155] Wieso soll man nicht können? Man kann alles gegen alles abwägen, wenn die Waage nur groß genug ist. Huber verwechselt die Worte „können" und „dürfen" – für jemanden, der sich zu ethischen Fragen so häufig äußert, ein Schnitzer. Im Übrigen ist die Abwägung des Lebensschutzes gegen andere Güter in unserer Rechtsordnung alltäglich. Andernfalls hätten wir ein Totalverbot der Abtreibung, es gäbe keine Patientenverfügung, und in Afghanistan stünde kein deutscher Soldat.

Beispiel 7: Im Januar 2011 schreibt Huber in einer juristischen Fachzeitschrift: „Der Hinweis auf bewegende Einzelschicksale darf jedoch den ethischen Unterschied zwischen Beistand im Sterben und Beihilfe zur Selbsttötung oder, noch weitergehend, Tötung auf Verlangen nicht einebnen. Es muss vielmehr deutlich bleiben, dass jeder, der einem Menschenleben durch aktives Tun ein Ende setzt, – ethisch betrachtet – Schuld auf sich nimmt. Solche Schuldübernahme kann in bestimmten Situationen Ausdruck verantwortlichen Handelns sein. Das gilt insbesondere dann, wenn Nichtstun die größere Schuld wäre. Doch ob in bestimmten Fällen der Wille zur Selbsttötung ärztliche Unterstützung finden darf, kann nur in persönlicher Verantwortung und nicht durch ein allgemeines Gesetz beantwortet werden."[156]

Als der Ethiker Huber diese Zeilen zu Papier brachte, muss er von allen rechtsstaatlichen Geistern verlassen gewesen sein. Bei Sterbehilfe geht es wie bei der Abtreibung um eine Abwägung der beiden höchsten Rechtsgüter Lebensschutz und Selbstbestimmung. Welchem Rechtsgut unter welchen Voraussetzungen Vorrang einzuräumen ist, muss im Voraus durch ein allgemeines Gesetz festgelegt sein. Die Bestrafung eines Arztes, der abtreibt oder beim Suizid assistiert, kann nicht nachträglich-individuellem ethischem Schuldempfinden überlassen bleiben. Den rechtsstaatlichen Kernsatz „Nulla poena sine lege" müsste auch ein habilitierter Nichtjurist kennen.

„Professor Dr. Dr. h.c. Wolfgang Huber ist einer der profiliertesten Theologen Deutschlands und betätigt sich als Vordenker in ethischen Fragen."

Wer ist so voll des Lobes über Wolfgang Huber? Er selbst auf seiner eigenen Homepage.[157]

3) Jörg-Dietrich Hoppe

Jörg-Dietrich Hoppe ist Ehrenpräsident der Bundesärztekammer und damit einer der herausragenden Würdenträger unseres Staates. Aber reicht das, nach zwei Bischöfen als dritter im Bunde in dieses Kapitel aufgenommen zu werden?

Er war bis Anfang Juni 2011 als Präsident der Bundesärztekammer *der* Meinungsführer der Ärzteschaft. So kam ihm auch beim ärztlich assistierten Suizid in der öffentlichen Diskussion des Themas herausragende Bedeutung zu. Niemand hat in den letzten Jahren auf die deutsche Sterbehilfe-Diskussion so viel Einfluss genommen wie Jörg-Dietrich Hoppe.

Er hat diesen Einfluss nicht in säkularer Neutralität ausgeübt, sondern als gläubiger Katholik. Ohne die Bürde der Bischofs-Amtstracht konnte er katholischen Anschauungen wirkungsvoller Gehör verschaffen als die kirchlichen Amtsträger selber. Ein Hoppe-Interview in der Frankfurter Allgemeinen Zeitung hatte mehr Einfluss auf die öffentliche Meinung als jeder Hirtenbrief.

Jörg-Dietrich Hoppe wurde 1940 in Thorn/Weichsel geboren. In Köln besuchte er von 1952 bis 1960 ein humanistisches Gymnasium und studierte dann Medizin. Nach der Zeit als Assistenzarzt wurde er 1975 Facharzt für Pathologie und Arzt für Allgemeinmedizin, dann Oberarzt, schließlich von 1982 bis 2006 Chefarzt des Instituts für Pathologie des Krankenhauses Düren. Seitdem ist er dort als niedergelassener Pathologe tätig. Hoppe lehrt als Honorarprofessor an der Universität Köln. Von 1979 bis 1989 war er Erster Vorsitzender des Marburger Bundes (gefolgt von Frank Ulrich Montgomery). Von 1991 bis 1999 war er Vizepräsident, danach bis 2011 Präsident der Bundesärztekammer (Nachfolger abermals Montgomery). Hinzu kommen Aufsichtsratsposten, seit April 2008 beispielsweise bei der Allianz Deutschland AG.

Neben alledem engagierte sich Hoppe auch in seiner rheinischen Wahlheimat: Bis 1993 war er Vizepräsident der Ärztekammer Nordrhein, seitdem ist er deren Präsident (gewählt bis 2014). Zu seinem 65. Geburtstag am 24. Oktober 2005 beschrieb ihn die Ärztekammer Nordrhein in einer Pressemitteilung[158] „als Antifunktionär, den eine Mischung aus Chuzpe, Charme, Understatement und Hartnäckigkeit charakterisiert." In derselben Pressemitteilung erfuhr man, Hoppe habe ursprünglich Musiker werden wollen; so sei es „kein Wunder, dass die klassische Musik Hoppes große Leidenschaft geblieben ist. Er besucht gerne Konzerte und spielt auch selbst Violine." Fünf Jahre später – anlässlich des 70. Geburtstags – gab das Deutsche Ärzteblatt bekannt, Hoppe spiele „sehr gut" Violine.[159]

Besonders gut spielte er auf einem anderen Instrument: der Klaviatur des Lobbyismus. Als Ärzte-Präsident kämpfte er unermüdlich gegen die Zwangsjacke staatlicher Gesundheitsverwaltung und für die Erhöhung ärztlicher Honorare. Er wusste, wie wichtig für diesen Kampf das Image des Kämpfers ist. Während zum IG-Metall-Vorsitzenden die Ausstrahlung eines Bulldozers passen mag, muss ein Ärztelobbyist dem hohen Sozialprestige gerecht werden, das Ärzte nach wie vor in unserer Gesellschaft genießen. Zwar wäre es nicht mehr zeitgemäß, als Halbgott in Weiß aufzutreten, aber nach wie vor sehnen sich fast alle Deutschen im Krankheitsfalle nach einem Chefarzt, der, über irdischen Sphären schwebend, das Wohl des Patienten besser kennt als dieser selbst und das medizinisch Richtige tut.

Wie wichtig die Geige und ähnlich kulturstiftende Instrumente für Hoppes Imagepflege waren, zeigen zahlreiche Interviews, in denen er seine Leidenschaft für klassische Musik betonte. Zu Ehren seines 70. Geburtstags gab es ein Konzert in der Kammer Nordrhein und ein Orgelkonzert im Berliner Dom. Seine 12 Amtsjahre als Ärztepräsident verglich Hoppe mit Artur Honeggers „Pacific 231".[160] Zu dieser Komposition hatte Honegger einst gesagt, sein Ziel sei gewesen, einen visuellen Eindruck in musikalischer Form wiederzugeben: „das leise Laufen der Maschine im Ruhezustand, das Gefühl der Anstrengung bei der Abfahrt, die sich steigernde Geschwindigkeit und schließlich die Emotion, dieses Gefühl der Leidenschaft, das ein durch die Nacht rasender 300-Tonnen-Zug hervorruft." Dass Hoppe als Symbol seiner 12 Amtsjahre „Pacific 231" genannt hatte, obwohl die Spielzeit dieses Orchesterwerks nicht einmal 7 Minuten beträgt, war dem steten Bemühen um subtiles Understatement geschuldet.

Wenige Tage vor dem Ende seiner Ärzte-Präsidentschaft ließ Hoppe sich im Mitteilungsblatt der Bundesärztekammer „BÄK intern" interviewen[161] – oder vielmehr interviewte er sich selbst, denn es gab keinen namentlichen Fragesteller. Mit unverdrossener Symbolik stellte er sich „12 Fragen für 12 Jahre." Die erste Frage von Hoppe an sich selbst lautete: „Das Amt des Präsidenten der Bundesärztekammer ist zeitraubend – wie viele Konzerte haben Sie als ausgewiesener Klassik-Fan in den vergangenen 12 Jahren nicht besuchen können?" Am Ende einer sehr langen Antwort erinnert sich der „ausgewiesene Klassik-Fan" an das Verdi-Requiem zum 100. Todestag des Meisters (Verdi), auf das er habe verzichten müssen zugunsten der „Aufwartung", die ihm die frisch gebackene Bundesgesundheitsministerin Ulla Schmidt an diesem Abend aufnötigte.

Während Jörg-Dietrich Hoppe seine Affinität zu klassischer Musik wie eine Monstranz vor sich hertrug, waren seine Bekenntnisse zum katholischen Glauben sehr viel seltener. Als Ausnahme von dieser Zurückhaltung weihte er seinen 70. Geburtstag durch ein Interview mit Radio Vatikan.[162]

Im Vorspann wurden die Hörer aufgeklärt, Katholik Hoppe gelte in Deutschland „als Integrationsfigur und kritischer Mahner in ethischen Fragen." Er stelle sich „mit seinem kategorischen ‚Nein' zu aktiver Sterbehilfe auch gegen Strömungen innerhalb der Ärzteschaft." Für ihn seien „Musik und Medizin keine Gegensätze, sondern Ergänzung und Symbiose." Im Interview gab's für die Musik-Medizin-Symbiose dann leider keine Erläuterung, dafür aber eine umso erhabenere Aussage des Jubilars:

„Ich glaube, dass wir Ärzte auch aus der Theologie einiges lernen können." Zur Stammzellenforschung sagte er: „Ich glaube, das wird der liebe Gott zulassen, dass wir das durch weiter entwickelte Behandlungsmethoden auch tun dürfen."

Frage von Radio Vatikan: „Wenn die Wissenschaft eines Tages zweifelsfrei belegen sollte, dass – wie die Kirche sagt – die Seele den Körper verlässt und an einem anderen Ort weiterlebt, dann gibt es eigentlich keinen Tod.

Dann wären viele Rätsel gelöst..." Antwort Hoppe: „Das ist richtig, das glauben wir ja auch, dass es in irgendeiner Form nach dem irdischen Leben weitergeht."

Auf die (nun wieder sehr irdische) Frage von Radio Vatikan, welche Entscheidungen er unter seiner „Stabführung...als die bisher wichtigsten beschreiben" würde, nannte Hoppe deren zwei: (1) Die Zusammenführung der Weiterbildungsordnungen der früheren DDR und der Bundesrepublik Deutschland. (2) „Die Verteidigung ethischer Grundsätze im Arztberuf am Anfang und am Ende des menschlichen Lebens in Zusammenarbeit mit der katholischen und der evangelischen Kirche."

Wer dies liest, wird sich schämen, Jörg-Dietrich Hoppe je als profanen Ärzte-Lobbyisten wahrgenommen zu haben, wo er doch in Wahrheit eine deutsche Jeanne d'Arc ärztlicher Ethik ist, der (oder die?) den Mut hatte, in einem Interview mit Radio Vatikan die katholische und die evangelische Kirche gleichberechtigt in einem Atemzug zu nennen.

Dieser ökumenische Mut gegenüber Radio Vatikan war aber nur eine Randerscheinung im Bemühen des Ärztepräsidenten, schon zu Amtszeiten am künftigen Nachruhm zu feilen. Bereits Monate vor dem Interview hatte er mit den Vorbereitungen zum ganz großen Coup begonnen, zum Doppelschlag, mit dem er in die Annalen der deutschen Ärzteschaft als Ausnahme-Präsident einzugehen hoffte: Er strebte nicht nur nach Ehrungen, sondern auch nach Ehre.

Zunächst zu den Ehrungen: Jahrzehntelang rackerte sich Hoppe ab, aus dem Schatten seines Über-Vaters Prof. Dr. med. Dr. h.c. Karsten Vilmar herauszutreten. Vilmar prägte in den 70er- bis 90er-Jahren des 20. Jahrhunderts als letzter Halbgott in Weiß den Berufsstand und das Ansehen der Ärzte in Deutschland. 10 Jahre älter als Zieh-Sohn Hoppe, war Vilmar zunächst Erster Vorsitzender des Marburger Bundes, Hoppe sein Nachfolger. Vilmar wurde Präsident der Bundesärztekammer, Hoppe sein Nachfolger. Vilmar bekam im Jahre 1997 von der Universität „Victor Babeș" in Timișoara (Rumänien) den Ehrendoktor, Hoppe im Jahre 2002 ebenfalls. 1998 wurde Vilmar Honorarprofessor, Hoppe natürlich auch, und sogar 4 Jahre früher als Vilmar! Doch dessen enorme Zahl weiterer Auszeichnungen – z.B. den „Ehrenreflexhammer" des Marburger Bundes oder den Dienstgrad eines Oberstabsarztes d.R. – wird Hoppe nie einholen können.

Doch das Wichtigste konnte Hoppe einholen. Alle denkbaren Auszeichnungen verblassen gegen den Glanz eines Ehrenpräsidenten der Bundesärztekammer. Viele Jahre saß nur einer auf dem Thron der Ehrenpräsidentschaft: Karsten Vilmar. Am 2. Juni 2011 wurde Jörg-Dietrich Hoppe als gleichberechtigter Würdenträger ebenfalls auf diesen Thron gehoben. Sein Kommentar zu diesem Triumph sollte – wie üblich – bescheiden wirken: „Ich werde mit Karsten Vilmar ein Senioreneck im Vorstand bilden."[163] Es ist wie die Vorlage für ein Spitzweg-Idyll: die beiden ehrgeizigsten Ärztefunktionäre der deutschen Nachkriegsgeschichte, nunmehr als Ehrenpräsidenten Seite an Seite im beschaulichen „Senioreneck".

Aber eine Rechnung ist noch offen. Im Jahre 2004 bekam Karsten Vilmar von der Kim-Il-sung-Universität Pjöngjang einen Ehrendoktor verliehen. Es ist sein zweiter. Hoppe hat nach wie vor nur einen; kürzlich soll er in einer Buchhandlung beobachtet worden sein beim heimlichen Stöbern im Baedeker „Nordkorea". So klug wie Hoppe ist, wird er sich aber für die Ausgabe „Südkorea" entscheiden. Die medizinische Fakultät der Seoul National University hat hierzulande den besseren Ruf. Vielleicht erbarmt sich ja auch die Arthur-Honegger-Musikhochschule eines bekannten Pazifik-Anrainerstaates des ausgewiesen Klassik-Fans und gibt ihm endlich die Chance, sein Briefpapier neu zu gestalten.

Hätte Hoppe sich darauf beschränkt, Ehrungen anzuhäufen, könnte man sich an dieser Stelle von ihm verabschieden, mit herzlichem Glückwunsch zum beeindruckenden Erfolg. Aber Hoppe wollte außer den vielen Ehrungen auch die Ehre und Anerkennung als gesellschaftlicher Vor- und

Querdenker. Dafür wählte er das viel diskutierte und ethisch umstrittene Thema Sterbehilfe als geeignetes Betätigungsfeld.

Ausgangspunkt war Hoppes unerschütterlicher Ruf als Konservativer. Ob er das tatsächlich war oder nur vorgab zu sein, kann niemand sagen; er wird es nicht einmal selber wissen. Wichtigste Triebfeder seines Handelns war stets der Ämter-Ehrgeiz. Also antizipierte Hoppe bei allen gesellschaftspolitischen und ethischen Äußerungen stets die Mehrheitsmeinung der Ärztetags-Delegierten in Nordrhein und im Bund, von denen er gewählt oder im Amt bestätigt werden wollte. Wer vier Jahrzehnte lang antizipierte Fremdmeinungen als eigene verkauft, hat irgendwann keine eigene Meinung mehr.

Ärztefunktionäre sind in Deutschland traditionell reaktionär, jedenfalls viel konservativer als die 400.000 Ärzte, die sie repräsentieren. Mit liberalen Auffassungen, etwa zum Selbstbestimmungsrecht von Patienten, hätte Hoppe zwar bei vielen Ärzten Resonanz gehabt. Es wäre aber immer die Resonanz einer Minderheit gewesen, und Hoppe hätte sich keinen seiner Präsidenten-Träume erfüllen können.

Doch nun bot das Jahr 2011 die einmalige Chance zum Imagewechsel. Hoppe wollte sich als Präsident der Bundesärztekammer nicht wiederwählen lassen und brauchte somit auf die Mehrheitsmeinung des Deutschen Ärztetages keine Rücksicht mehr zu nehmen. Frei von bisherigen Zwängen konnte er sich ein Denkmal als Ethik-Neuerer errichten und musste nur einen Nachfolger finden, der bereit war, ihn zum Ehrenpräsidenten vorzuschlagen, denn in dieses Amt wird man nicht gewählt, sondern per Akklamation hineingetragen. In Frank Ulrich Montgomery fand Hoppe diesen Nachfolger.

Mit ihm hatte er schon im Jahre 1989 gute Erfahrungen gemacht. Damals verzichtete Hoppe nach 10-jähriger Amtszeit auf die Wiederwahl als Erster Vorsitzender des Marburger Bundes. Nachfolger Montgomery bedankte sich für die Überlassung dieses Postens, indem er Vorgänger Hoppe zum

Ehrenvorsitzenden kürte. Selbstverständlich hatte sich Hoppe 10 Jahre zuvor gegenüber seinem Vorgänger Vilmar nicht anders verhalten.

Der Schlachtplan, mit dem Hoppe zum liberalen Großmeister deutscher Ärzte-Ethik mutieren wollte, hatte seine Wurzeln im Juli 2008, als in den Medien ausführlich über den begleiteten Suizid der 79-jährigen Würzburgerin Bettina Schardt berichtet wurde. Bundesärztekammer-Präsident Hoppe sagte damals: „Es ist zynisch und abstoßend, dass Herr Kusch eine alte Frau für seine Zwecke missbraucht hat." „Herr Kusch ist ein kompromissloser Mensch, dem bestimmte Grundschwingungen von Menschlichkeit fehlen," ergänzte der Hamburger Ärztekammer-Präsident Montgomery. Man müsse „Mediengeiern" wie Herrn Kusch die Möglichkeit nehmen, sich mit dem Leid anderer Menschen in den Vordergrund zu spielen.[164]

Dieser Mahnung zum Trotz blieb das Thema Sterbehilfe so sehr im Vordergrund allgemeinen Interesses, dass der SPIEGEL eine Meinungsumfrage unter deutschen Ärzten in Auftrag gab, die im November 2008 veröffentlicht wurde:[165] Mehr als ein Drittel der befragten Ärzte befürwortete eine ausdrückliche Erlaubnis ärztlicher Suizid-Beihilfe und konnte sich auch vorstellen, selbst Suizidhilfe zu leisten.

Die Bundesärztekammer beauftragte das Institut für Meinungsforschung Allensbach mit einer weiteren Umfrage.[166] Hoppe sagte zwei Jahre später:[167] „Wir haben der [Spiegel-]Umfrage nicht so recht geglaubt, aber die neue Umfrage weicht nicht nennenswert von der ‚Spiegel'-Umfrage ab."

Die Umfrage lag dem Vorstand der Bundesärztekammer ab August 2009 vor, das Allensbach-Institut durfte sie aber erst im Juli 2010 veröffentlichen. Präsident Hoppe nahm sich fast ein Jahr Zeit, seine Strategie auszuarbeiten: Verzicht auf Wiederwahl im Jahre 2011 – Montgomery als Nachfolger – Ehrenpräsident – Liberalisierung der ärztlichen Sterbehilfe-Richtlinien als letzte Amtshandlung und Ritterschlag zum Ethik-Großmeister.

Die Vorbereitung dieses Ritterschlags erforderte von Hoppe einen heiklen Spagat: Einerseits musste der Liberalisierungsbeschluss als Ergebnis eines breiten, offenen und tiefschürfenden Meinungsbildungsprozesses innerhalb der Bundesärztekammer inszeniert werden. Andererseits wäre als Ergebnis einer wirklich offenen Diskussion überhaupt nichts liberalisiert worden: Im Vorstand der Bundesärztekammer haben die 17 Präsidenten der Landesärztekammern das Sagen. Die brauchen für ihre Wiederwahl stets die Mehrheit ihrer Delegierten. Solange die deutschen Ärzte Sterbehilfe mehrheitlich ablehnen, spielt es für die um ihre Wiederwahl besorgten Landes-Präsidenten keine Rolle, wie groß oder klein die befürwortende Minderheit ist.

Am 19. Juli 2010 erschienen zwei Interviews von Hoppe, das eine im SPIEGEL,[168] das andere im Deutschen Ärzteblatt.[169] Im SPIEGEL präsentierte er sich zu den Grundsätzen ärztlicher Sterbebegleitung als liberal und reformwillig. Die bisherige Formulierung dieser Grundsätze lautete: „Die Mitwirkung des Arztes bei der Selbsttötung widerspricht dem ärztlichen Ethos" und Hoppe sagte dazu: „Genau über diesen Satz diskutieren wir zurzeit sehr intensiv…Ich nehme…an, dass sich an der jetzigen Formulierung der Grundsätze etwas ändern wird…Die allgemeine Auffassung war bisher, dass das ethisch nicht vertretbar ist. Das hat sich partiell geändert. Und das werden wir sorgfältig bedenken, wenn wir unsere Grundsätze weiterentwickeln." Das klang nach Liberalisierung.

Das Ärzteblatt-Interview vom selben Tag klang ganz anders: „Es ist wichtig, klar darauf hinzuweisen, dass das Mitwirken des Arztes bei der Selbsttötung dem ärztlichen Ethos widerspricht." Dass das sogar als Verschärfung zu verstehen war, brachte ein erläuternder Aufsatz in derselben Ausgabe des Ärzteblatts zum Ausdruck:[170] Die Bundesärztekammer müsse verstärkte Anstrengungen leisten, ihre Position zum ärztlich begleiteten Suizid „auch gegenüber der Ärzteschaft zu verdeutlichen. Der bloße Hinweis, dass die Mitwirkung des Arztes an der Selbsttötung des Patienten dem ärztlichen Ethos widerspricht, …reicht dabei nicht aus." Was mit den „verstärkten Anstrengungen" gemeint war, zeigte der 114.

Deutsche Ärztetag ein Jahr später: Das berufliche Totalverbot ärztlicher Suizidassistenz in Deutschland.

Obwohl also von Anfang an eine drastische Verschärfung des Berufsrechts das Ziel war, strickte Hoppe unverdrossen an seiner Liberalisierungslegende weiter. „Sterbehilfe: Ärzte wollen Berufsrecht liberalisieren" – unter dieser Überschrift kam Hoppe am 18. August 2010 in der Rheinischen Post zu Wort.[171] Doch richtig in Fahrt kam die öffentliche Diskussion erst mit Hoppes Interview vom 27. Dezember 2010 in der als linksliberal geltenden Frankfurter Rundschau:[172]

„Die Beihilfe zum Suizid ist nicht strafbar. Sie ist aber derzeit durch unser Berufsrecht als unethisch verboten. Diesen Widerspruch müssen wir auflösen…In dem Entwurf für die neuen Grundsätze zur ärztlichen Sterbebegleitung wird zwar klargestellt, dass Beihilfe zum Suizid nicht zu den ärztlichen Aufgaben gehört. Sie soll aber möglich sein, wenn der Arzt das mit seinem Gewissen vereinbaren kann. Damit gehen wir nicht mehr über das Strafrecht hinaus."

Damit gehen wir nicht mehr über das Strafrecht hinaus – dieser Satz war so revolutionär, dass er noch am selben Tag von der Tagesschau aufgegriffen wurde,[173] am nächsten Tag dann von weiteren Medien.[174] Um sich als souveräner Sachwalter allgemeiner Ärzteinteressen in ein objektives Licht zu rücken, betonte Hoppe seine persönlich abweichende Meinung. Er selbst sehe keine Notwendigkeit, die Vorschriften zur assistierten Selbsttötung zu ändern. „Ich bin der Auffassung, die Palliativmedizin ist in Deutschland so ausgereift, dass man solche scharfen Mittel wie den Suizid gar nicht braucht."[175]

Kritik und Empörung kamen wie auf Knopfdruck. Als erster war wie üblich der emsige FAZ-Blogger Oliver Tolmein zur Stelle: Dass das ärztliche Suizidhilfeverbot bislang über das Strafrecht hinausgehe, mache „durchaus Sinn."[176] Prälat Peter Neher, Präsident des (katholischen) Caritasverbandes, kritisierte, durch die geplante Liberalisierung werde „Selbsttötung hoffähig gemacht."[177] Eugen Brysch, Geschäftsführer der Deutschen Hospiz-Stiftung, warnte vor einem „entsetzlichen Szenario."[178]

Als erster Arzt äußerte sich Rudolf Henke, Vorsitzender des Marburger Bundes und CDU-Bundestagsabgeordneter: Er sei „entschieden gegen einen Kurswechsel."[179] Dr. med. Birgit Weihrauch, Vorstandsvorsitzende des Deutschen Hospiz- und PalliativVerbandes, teilte mit, sie habe die Ankündigungen von Ärztepräsident Hoppe „mit großer Sorge" zur Kenntnis genommen.[180] Die beiden Professoren Dr. med. Christoph Student und Dr. jur. Thomas Klie verfassten eine gemeinsame Pressemitteilung mit der Überschrift: „Freiburger Professoren protestieren dagegen, dass die durch Ärzte vermittelte Euthanasie künftig auch in Deutschland möglich werden soll."[181]

Zwei Wochen nach dem Rundschau-Interview von Hoppe schrieb die Ärzte Zeitung unter Berufung auf die Kritik von Rudolf Henke, die Konsensbildung in der Bundesärztekammer gestalte sich schwierig.[182]

Sollte es diese Schwierigkeiten überhaupt je gegeben haben, waren sie am 21. Januar 2011 plötzlich wie durch ein Wunder verschwunden. An diesem Tag beschloss der Vorstand der Bundesärztekammer mit nur einer Gegenstimme die neuen „Grundsätze zur ärztlichen Sterbebegleitung".[183] In der Präambel wurde der bisherige Satz „Die Mitwirkung des Arztes bei der Selbsttötung widerspricht dem ärztlichen Ethos und kann strafbar sein" ersetzt durch: „Die Mitwirkung des Arztes bei der Selbsttötung ist keine ärztliche Aufgabe."

„Aufgabe" statt „Ethos" – dafür also das ganze Aufhebens der letzten Monate? Für zwei dürftige Worte, das eine so schwammig ist wie das andere? Ein halbes Jahr lang eine derart bedeutungslose Mücke zum Elefanten aufzublasen, war eine beachtliche Leistung des medienerfahrenen Ärztepräsidenten.

Außerdem erwies sich Hoppe als brillanter Märchenerzähler. Bereits im Juli 2010 stand fest, dass in der Präambel der Grundsätze „Ethos" durch

„Aufgabe" ersetzt werden würde. Denn Hoppe hatte am Anfang des SPIEGEL-Interviews am 19. Juli 2010 gesagt: „Das kann nicht zu den Aufgaben des Arztes gehören" und diese Formulierung am Ende des Interviews wiederholt: „Wenn wir uns darüber einig sind, dass…die Beihilfe zum Suizid nicht zu den ärztlichen Aufgaben gehört, dann können wir das in unser Berufsrecht hineinschreiben"[184] – genau wie es sechs Monate später am 21. Januar 2010 geschah.

Die Behauptungen von Hoppe, in der Bundesärztekammer werde über die Änderung der Präambel „sehr intensiv" diskutiert und die Allensbach-Umfrage werde „in die Diskussionen der Gremien einfließen", waren Märchen aus 1001 Nacht. Als Hoppe am 19. Juli 2010 via SPIEGEL und Deutsches Ärzteblatt an die Öffentlichkeit ging, hatte er die Billigung der neuen Formulierung durch seine Vorstands-Kollegen in der Bundesärztekammer längst in der Tasche. Ein unabgestimmtes öffentliches Vorpreschen, noch dazu in einer ethisch heiklen Frage, wäre für den risikoscheuen Hoppe niemals in Betracht gekommen.

Dass sich Vorstandsmitglied Henke „entschieden gegen einen Kurswechsel" aussprach und damit Hoppe kritisierte, war eine zwischen beiden abgesprochene Schmierenkomödie, um die Konsensbildung in der Bundesärztekammer als „schwierig" vorzugaukeln. So sollte die Mär vom monatelangen „intensiven Diskussionsprozess in den Gremien" untermauert werden.

Das war der erste Akt der Seifenoper. Es sollten noch zwei weitere Akte folgen. WELT-Redakteur Matthias Kamann erkannte als erster die Dramaturgie.[185] Zwar ging auch er der Mär des „intensiven Diskussionsprozesses" auf den Leim, aber im Gegensatz zur übrigen deutschen Öffentlichkeit bewertete er den Wechsel vom „Ethos" zur „Aufgabe" zutreffend als „allenfalls rhetorische Änderung". Vor allem aber gab Kamann eine präzise Vorschau auf den zweiten Akt, in dem die soeben ‚rhetorisch' geänderten Grundsätze gar keine Rolle mehr spielen würden, da sie im ärztlichen Berufsrecht keinerlei Verbindlichkeit entfalten.

Kamann wies auf die Bedeutung der – ebenfalls – geplanten Änderung der ärztlichen Berufsordnung hin: Nur sie legt Verbote verbindlich fest und regelt die Sanktionen im Falle eines Verstoßes. In ihrer bis Mai 2011 gültigen Fassung enthielt die Berufsordnung keine Aussage zum assistierten Suizid und damit auch keine ausdrückliche Sanktion gegen Ärzte, die beim Suizid helfen. Insoweit gab es gar nichts zu liberalisieren. Kamann hatte aber vertrauliche Informationen aus der Bundesärztekammer, wonach eine klare Mehrheit die „strikte Ablehnung der Suizid-Assistenz" in der Berufsordnung „beibehalten" wolle. Das klang nach dem glatten Gegenteil dessen, was Hoppe ein halbes Jahr lang verkündet hatte.

Hoppe selbst ging erstmals Mitte Februar 2011 gegenüber dem Deutschen Ärzteblatt auf die geplante Änderung der Berufsordnung ein:[186] „Wir müssen eine Formulierung finden, die für die Ärzte einen Anstoß gibt, sich sehr gründlich Gedanken zu machen über die Begleitung und Betreuung Sterbender." Dies war – wenn auch noch sehr verklausuliert – die Ankündigung harter Sanktionen und hatte mit der Liberalisierungs-Ode im Rundschau-Interview vom 27. Dezember 2010 nichts mehr zu tun.

Während Hoppe bereits begann, den medialen Boden für eine Verschärfung des Berufsrechts als Crescendo des zweiten Aktes vorzubereiten, hatten einige Veteranen des christlich-abendländischen Kultur- und Überlebenskampfes noch gar nicht mitbekommen, dass der erste Akt längst zu Ende war. Die „Ärzte für das Leben e.V." äußerten sich „empört":[187] Mit den neuen Grundsätzen zur Sterbebegleitung werde ärztliche Suizid-Beihilfe „in ein ethisches Niemandsland" verschoben. Landesbischof Ralf Meister, Nachfolger von Margot Käßmann in Hannover, befürchtete eine „Ermüdung des Mitleids für Leidende."[188] Auch Prof. Dr. Andreas Lob-Hüdepohl, Interims-Präsident der Katholischen Universität Eichstätt-Ingolstadt, befürchtete einen „Paradigmenwechsel".[189]

Die Bedrohung des christlichen Abendlandes war so gewaltig, dass der Kölner Kardinal Meisner kurz hintereinander gleich zwei Mal zur Feder griff. In einem Beitrag für die WELT unter der Überschrift „Sterbehilfe –

Perversion christlichen Denkens" nannte er die neuen Grundsätze „Relativismus pur… Relativismus gebiert Willkür. Wenn keine von gesellschaftlichen Kriterien unabhängige Wertehierarchie dem Menschen Maßstäbe des Handelns gibt, dann droht die Diktatur des Mainstreams. Hat sich die Bundesärztekammer wie offensichtlich weite Teile des Berliner Establishments dieser Diktatur bereits unterworfen?"[190] In einem Beitrag für die FAZ ergänzte er: „Das Christentum hat bekanntlich das Mitleid erfunden. Die Heiden hatten für die Schwachen nur Verachtung und Gleichgültigkeit übrig. Je mehr nun das Heidentum in moderner Gestalt zurückkehrt, desto mehr scheint das humanitäre Niveau wieder zu sinken. Doch das ist keineswegs unvermeidlich. Angesichts…des schweigenden Drucks auf Alte und Kranke, die Gesellschaft von sich zu entlasten, sollten sich auch Ärzte der Einsicht öffnen, dass manchmal ein Schritt zurück von der schiefen Ebene ein Fortschritt sein kann."[191]

Es wird den gläubigen Katholiken Hoppe geschmerzt haben, dass er auf diese Vorwürfe und Mahnungen seines geistlichen Oberhirten nicht angemessen reagieren konnte. Wie gerne hätte er seinen besorgten Kardinal mit der Aussicht auf ein Totalverbot ärztlicher Suizidbeihilfe beruhigt, denn diese längst beschlossene Rechtsänderung war nicht „ein" Schritt zurück, sondern eine Zeitreise direkt ins Mittelalter. Aber das Drehbuch der Seifenoper sah nicht Hoppe, sondern einen anderen Akteur vor, der diese Nachricht am Ende des zweiten Aktes dem Publikum verkünden sollte.

Zuvor aber musste noch die Spannung erhöht werden. Am 6. April 2011 berichtete das Deutsche Ärzteblatt[192] über die „deutliche Ablehnung" der neuen Grundsätze durch die Ärztekammern Hessen und Westfalen-Lippe. Auf dem Deutschen Ärztetag Anfang Juni 2011 werde es wohl zu „intensiven Diskussionen" kommen. Und der Präsident der Ärztekammer Baden-Württemberg hörte gar „viele Stimmen",[193] die den Vorschlägen der Bundesärztekammer nicht folgen wollten. Noch am 5. Mai 2011 berichtete die Ärzte Zeitung[194] von anhaltendem Streit in der Bundesärztekammer. Theodor Windhorst, Präsident der Ärztekammer Westfalen-Lippe, warnte vor einem Abrutschen in die „ethische Bedeutungslosigkeit". Aus der überarbeiteten Berufsordnung müsse „eindeutig hervorgehen, dass Ärzte keine Hilfe zur Selbsttötung leisten dürfen."

Windhorst hatte die allerletzte Chance genutzt, sich noch einmal als Gralshüter konservativer Ärzte-Ethik in Erinnerung zu rufen. Denn zwei Tage später, am 7. Mai veröffentlichte die Frankfurter Allgemeine Zeitung[195] die neue Formulierung, die ihr aus Kreisen der Bundesärztekammer zugespielt worden war. Dass bereis in demselben Artikel Vizepräsident Montgomery zu Wort kam und die neue Formulierung als „wichtigen Fortschritt" preisen konnte, lässt ahnen, von wem die FAZ ihre vertraulichen Informationen hatte.

Die bisherige Berufsordnung hatte zur ärztlichen Suizidbegleitung keine Regelung enthalten und nur festgelegt: „Ärztinnen und Ärzte dürfen das Leben des Sterbenden nicht aktiv verkürzen." Die neue Formulierung lautete: „Ärztinnen und Ärzte…dürfen keine Hilfe zur Selbsttötung leisten." Nun war die Katze aus dem Sack.

Dass Windhorst dieses – von ihm selbst mit beschlossene – Totalverbot noch 2 Tage vor der FAZ-Veröffentlichung angemahnt und mit der Warnung vor einem Abrutschen in die ethische Bedeutungslosigkeit verbunden hatte, lässt sich nur damit erklären, dass er ebenso wie Montgomery für die Hoppe-Nachfolge als Präsident der Bundesärztekammer kandidierte. Es war sein kläglicher Versuch, sich in letzter Minute als Urheber des standesrechtlichen Rollbacks in Szene zu setzen. Der ausgeklügelten Inszenierung der beiden Dramaturgen Hoppe und Montgomery aber konnte er nicht das Wasser reichen.

So fand der zweite Akt der Seifenoper ein überraschend jähes Ende. Alle Erwartungen, auf dem Ärztetag Anfang Juni werde es zum großen Showdown zwischen Sterbehilfebefürwortern und -gegnern kommen, waren hinfällig durch einen kleinen Artikel im FAZ-Feuilleton. Dass der Ärztetag dem Formulierungsvorschlag des Vorstands folgen und das

Totalverbot ärztlicher Suizidbeihilfe mehrheitlich beschließen würde, war so sicher wie das Amen in der Kirche.

Wozu das monatelange Liberalisierungsspektakel, wenn doch ohnehin eine drastische Verschärfung geplant war?

Zum einen wollte sich Hoppe kurz vor seinem Ausscheiden als Ärztekammer-Präsident noch ein letztes Mal im medialen Glanz öffentlicher Aufmerksamkeit sonnen. Hätte er von vornherein eine Verschärfung der Berufsordnung gefordert, hätte das zu seinem konservativen Ruf gepasst und (außer zu einem pflichtschuldigen Artikel im Deutschen Ärzteblatt) zu keinem weiteren öffentlichen Interesse geführt. Liberalisierungsforderungen hingegen waren aus dem Mund von Hoppe überraschend und garantierten große Resonanz.

Zum anderen wollte Hoppe mit seinem Vorgänger Vilmar gleichziehen und Ehrenpräsident der Bundesärztekammer werden. Also unterstützte er denjenigen Nachfolge-Kandidaten, der am ehesten bereit und in der Lage war, Hoppes Ehrgeiz zu befriedigen. Montgomery als SPD-Mitglied und damit linker Neigungen verdächtig, war der Geeignetste, schon allein deshalb, weil er Jahre zuvor in einer Kampfabstimmung gegen Hoppe unterlegen war und deshalb seine Grenzen innerhalb der Ärzteschaft kannte. Dass Montgomery ohne Hoppes Unterstützung kaum Chancen gehabt hätte, zeigte sich dann Anfang Juni bei seiner Wahl zum Präsidenten der Bundesärztekammer: Er scheiterte im ersten Wahlgang und bekam auch im zweiten nur eine knappe Mehrheit der Stimmen.

In all den Monaten, in denen Hoppe als Vorkämpfer standesrechtlicher Liberalisierung aufgetreten war, hatte Montgomery beharrlich geschwiegen – angesichts seiner sonstigen Schwatzhaftigkeit ein deutliches Bemühen um frühzeitige präsidiale Aura. Diese monatelange Zurückhaltung verstärkte die Wirkung eines stockkonservativen Bannerträgers, als der sich Montgomery im FAZ-Artikel am 7. Mai und in den folgenden Wochen für das Totalverbot ärztlicher Suizidbegleitung einsetzte.

Am 7. Mai endete der 2. Akt, aber die Seifenoper war noch nicht zu Ende. Überschreibt man den 1. Akt mit „Liberalisierungsspektakel" und nennt den 2. Akt „Katze aus dem Sack", dann eignet sich als Überschrift des 3. Akts „Orwell 1984, Ministerium für Wahrheit, Dokumentations-Abteilung."[196] Romanheld Winston Smith arbeitet in dieser Abteilung und hat die Aufgabe, alte Ausgaben der „Times" zu bereinigen, insbesondere Prognosen und Ankündigungen des Großen Bruders den späteren Entwicklungen anzupassen. Ursprüngliche Zahlen hat er so zu korrigieren, dass sie mit den späteren übereinstimmen. Alle alten Ausgaben der „Times" werden aus den Archiven entfernt und durch bereinigte Neudrucke ersetzt.

Das Deutsche Ärzteblatt berichtete über den FAZ-Artikel unter der Überschrift „Bundesärztekammer rudert zurück"[197] und kommentierte das Montgomery-Zitat: „Es ist jetzt für jeden klar, dass Ärzte keinen Suizid begleiten dürfen" mit dem hämischen Hinweis, das sei seit Februar 2011 „alles andere als klar" gewesen. Damals hatte der Vorstand der Bundesärztekammer – mit der Stimme von Montgomery – in den Grundsätzen zur ärztlichen Sterbebegleitung das Wort „Ethos" gestrichen und damit den Eindruck der Liberalisierung erweckt.

Dass Hoppe über viele Monate diesen Eindruck nur zum Schein erweckt und damit die deutsche Öffentlichkeit zum Narren gehalten hatte, zeigte sich am 11. Mai 2011 bei einem Gespräch mit Erzbischof Robert Zollitsch, mit dessen Illiberalität er klammheimlich immer sympathisiert hatte. Die Deutsche Bischofskonferenz und die Bundeärztekammer stellten nach dem Gespräch in einer gemeinsamen Pressemeldung[198] fest, sie seien sich einig, dass Ärzte keine Hilfe zur Selbsttötung leisten dürfen.

Vom 31. Mai bis 3. Juni 2011 fand der 114. Deutsche Ärztetag in Kiel statt. Zwei Tage vor der Eröffnung fühlte sich Präsidentschaftskandidat Montgomery zu einigen Klarstellungen bemüßigt:[199] „Es gibt keine Korrektur, das ist durch einzelne Äußerungen in der Öffentlichkeit etwas falsch angekommen." Zwar seien die Grundsätze zur ärztlichen Sterbebegleitung jüngst etwas geändert worden. Doch sei dies fälschlicherweise als

Liberalisierung verstanden worden. „Es war überhaupt nicht intendiert, das aufzuweichen."

Eine solch dreiste Korrektur der Vergangenheit, die Anpassung „falsch angekommener" Äußerungen an spätere Entwicklungen, hätten das Ministerium für Wahrheit und sein Mitarbeiter Winston Smith nicht eleganter bewältigen können.

Doch auch der Große Bruder blieb nicht untätig. In seiner Eröffnungsrede zum Ärztetag sagte Hoppe:[200] „Es gab Irritationen, und zwar ganz erhebliche. Manch einer meinte sogar, wir würden uns von den ärztlichen Grundwerten entfernen. Das Gegenteil aber ist der Fall. Wir haben zwar sprachlich modernisiert, aber die ethischen Grundwerte erhalten… Ein Positionswandel der deutschen Ärzteschaft oder gar eine Revolution des ärztlichen Selbstverständnisses sind damit nicht verbunden – auch wenn manche derartiges erhofft oder befürchtet haben… Ärztinnen und Ärzte…dürfen keine Hilfe zur Selbsttötung leisten. Mit dieser vorgeschlagenen Formulierung kann nicht mehr interpretiert werden. Es muss jetzt für jeden klar sein, dass Ärzte keinen Suizid unterstützen dürfen, denn Töten gehört nicht in das Handwerkszeug von Ärztinnen und Ärzten."

Ärztliche Suizidbegleitung als „Töten" – infamer und diffamierender hätte es auch der Präfekt der römisch-katholischen Glaubenskongregation nicht ausdrücken können. Was steht – bis heute von Winston Smith nicht korrigiert – in der Frankfurter Rundschau, Ausgabe vom 27. Dezember 2010? „Beihilfe zum Suizid soll möglich sein, wenn der Arzt das mit seinem Gewissen vereinbaren kann. Damit gehen wir nicht mehr über das Strafrecht hinaus."

Mit dem 3. Akt „Orwell 1984" war die Seifenoper nun zu Ende, Montgomery war Präsident, Hoppe Ehrenpräsident und Tausende schwerstkranker Deutscher in Panik, dass ihnen der Notausgang eines selbstbestimmten Lebensendes nun endgültig versperrt sein würde. Doch sogar diesen Ängstlichen und Verzagten hatte Katholik Hoppe Tröstliches zu bieten, geschöpft aus der Jahrhunderte langen Tradition seiner Kirche: die Relativierung unmenschlich-rigider Verbotsnormen durch augenzwinkerndes Dulden einiger Schlupflöcher.

Die meisten Hexen, Ketzer und sonstigen Gotteslästerer landeten vor noch nicht allzu langer Zeit auf dem Scheiterhaufen, aber eben nicht alle. Manche hatten das zufällige Glück einer schützenden Hand. Schergen aller Provenienz gönnen sich immer mal die Attitüde der schützenden Hand und verschonen einige Wenige. Die totale Willkür – das ausschlaggebende Wesensmerkmal jedes totalitären Regimes – kann einigen der Entrechteten durchaus zugutekommen. Solche Schonung einzelner mindert aber nicht das generelle Unrecht, sondern bedeutet für die entrechtete Masse eine zusätzliche Erniedrigung.

Zwei Tage, nachdem der Deutsche Ärztetag das Totalverbot ärztlicher Suizidbegleitung beschlossen hatte, würdigte der Mannheimer Morgen die Rolle des frisch gekürten Ehrenpräsidenten: Hoppe stehe zum Verbot, habe aber auch auf eine „wohl bleibende Grauzone" hingewiesen. Es gebe Fälle von Selbstmord, die nie bekanntwerden. „Das ist ja ein Zweierbündnis, und einer von den beiden verstirbt. Der andere wird sich nicht selbst anklagen."[201]

Was wollte Hoppe mit der so beschriebenen Grauzone zum Ausdruck bringen? Statt der Formulierung, der Überlebende werde „sich nicht selbst anklagen", hatte Hoppe bei früherer Gelegenheit gesagt:[202] „Inoffiziell passiert manches, und der Staatsanwalt kümmert sich nicht darum."

Das „Sich-selbst-Anklagen" und „der Staatsanwalt" waren aber nur Metaphern, denn ärztliche Suizid-Beihilfe ist in Deutschland nicht strafbar. Dass der Überlebende des Zweierbündnisses sich nicht selbst anklagt, liegt nicht daran, dass der einzige Belastungszeuge verstirbt, sondern dass es keine Straftat gibt, die angezeigt werden könnte. Desgleichen folgt das Desinteresse des Staatsanwalts nicht aus der Unkenntnis des Sachverhalts, sondern aus der strafrechtlichen Irrelevanz des Geschehens.

114

Mit „Staatsanwalt" hatte Hoppe also nicht den staatlichen Ankläger im Strafverfahren gemeint, sondern eine ganz andere Instanz, die für Ärzte existentiell bedrohlicher sein kann als jeder Staatsanwalt: die Vorstände der 17 Landes-Ärztekammern, die auf unbotmäßiges ärztliches Verhalten mit drastischen Sanktionen reagieren können, bis hin zur Empfehlung eines Berufsverbots durch staatlichen Entzug der Approbation. Übersetzt in verständliches Deutsch hatte Hoppe gesagt: „Wenn ein Arzt beim Suizid hilft und damit gegen den neu gefassten § 16 der Berufsordnung verstößt, braucht er trotzdem keine berufsrechtlichen Sanktionen zu befürchten, weil der einzige, der ihn bei der Landesärztekammer anschwärzen könnte, tot ist."

Das ist Scheiterhaufen-Mentalität im 21. Jahrhundert: Zunächst beschließt man, alle Hexen zu verbrennen, und tröstet die betroffenen Frauen dann damit, dass all diejenigen, denen man ihre Satansbesessenheit nicht ansieht, vor dem Scheiterhaufen keine Angst zu haben brauchen.

G) Dissidenten

1) Hans Küng

Hans Küng wurde 1928 in Sursee (Kanton Luzern) geboren. Von 1948 bis 1951 studierte er Philosophie an der Päpstlichen Universität Gregoriana in Rom. 1955 Ordination zum katholischen Priester, von 1957 bis 1959 Seelsorger in Luzern. Von 1960 bis zu seiner Emeritierung 1996 war Küng (ohne Habilitation) Professor für Ökumenische Theologie und Direktor des Instituts für Ökumenische Forschung an der Universität Tübingen. Von 1962 bis 1965 war er auf Ernennung durch Papst Johannes XXIII. als offizieller Berater des Zweiten Vatikanischen Konzils tätig. Nachdem er die Unfehlbarkeit des Papstes infrage gestellt hatte, wurde ihm 1979 auf Geheiß des Vatikans die kirchliche Lehrbefugnis entzogen. Doch behielt er Lehrstuhl und Institut sowie alle priesterlichen Vollmachten. Seit 1995 ist Küng Präsident der von ihm gegründeten Stiftung Weltethos. Sein aktuelles Schriftenverzeichnis[203] umfasst u.a. 67 Bücher, 69 Vorworte, 340 Beiträge in Sammelwerken, 523 Interviews und Gespräche sowie 725 Beiträge in Zeitschriften und Zeitungen – die zahlreichen Übersetzungen in andere Sprachen nicht mitgezählt.

Quantität spricht hier nicht gegen Qualität. Von Hans Küng stammt das wichtigste Sterbehilfe-Buch,[204] das je in deutscher Sprache erschienen ist, wobei sich der Superlativ nur aufs erste Drittel – den Beitrag von Küng – bezieht. Die Beiträge der anderen drei Autoren Walter Jens, Dietrich Niethammer und Albin Eser sind weniger eindrucksvoll.

Wer erkannt hat, dass Selbstbestimmung bis zum letzten Atemzug das höchste menschliche Gut ist, zur letzten Konsequenz aus dieser Erkenntnis aber aufgrund innerer Glaubensbarrieren nicht vorzudringen vermag, der findet bei Küng überzeugende Antworten auf alle entscheidenden Fragen. Wer an Gott glaubt und meint, Sterbehilfe stehe im Widerspruch zur Bibel, dem zeigt Küng die Barmherzigkeit des biblischen Gottes. Wer in Würde sterben will, der erfährt bei Küng die Beruhigung, dass Gott nichts dagegen hat.

Die „Erklärung zur Euthanasie" der Glaubenskongregation vom 5. Mai 1980 beschreibt das menschliche Leben als „Geschenk der Liebe Gottes", das zuweilen in Gefahr sei, „vorzeitig" beendet zu werden. Freitod oder Selbstmord bedeute „die Zurückweisung der Oberherrschaft Gottes und seiner liebenden Vorsehung." Nicht nur bei Sterbehilfe selbst, sondern schon bei der Bitte darum oder der Zustimmung handele es sich „um die Verletzung eines göttlichen Gesetzes, um eine Beleidigung der Würde der menschlichen Person, um ein Verbrechen gegen das Leben, um einen Anschlag gegen das Menschengeschlecht."[205]

Zu diesen Drohungen, denen Papst Johannes Paul II. auch noch das Charisma der Unfehlbarkeit mit auf den Weg gegeben hat, schreibt Küng, dahinter stehe „ein schiefes Gottesbild, das auf einseitig ausgewählten und wörtlich genommenen Bibeltexten beruht: Gott als der einfach über den Menschen, seinen Knecht, souverän verfügende Schöpfer, sein unbeschränkter Herr und Besitzer, absoluter Herrscher, Gesetzgeber, Richter und im Grunde auch Henker. Nicht aber Gott als Vater der Schwachen, Leidenden, Verlorenen, der dem Menschen Leben spendet und ihn wie eine Mutter umsorgt, der solidarische Bundesgott, der den Menschen, sein Ebenbild, als einen freien, verantwortlichen Partner haben will! Von daher ist für Todkranke nicht Spiritualisierung und Mystifizierung des Leidens oder gar seine pädagogische Verzweckung (‚Fegfeuer auf Erden') unsere theologische Aufgabe, sondern – auf den Spuren des Krankenheilers Jesus –, möglichst die Reduzierung und Beseitigung des Leidens, das den Menschen gewiss beten, in manchen Fällen aber auch fluchen lehrt."[206]

„Der allbarmherzige Gott, der dem Menschen Freiheit geschenkt und Verantwortung für sein Leben zugemutet hat, hat gerade auch dem sterbenden Menschen die Verantwortung und Gewissensentscheidung für Art und Zeitpunkt seines Todes überlassen. Eine Verantwortung, die weder der Staat noch die Kirche, weder ein Theologe noch ein Arzt dem Menschen abnehmen kann. Diese Selbstbestimmung ist kein Akt hybriden Trotzes gegen Gott; wie sich Gnade Gottes und Freiheit des Menschen nicht ausschließen, so auch nicht Gottes Vorherbestimmung und des Menschen Selbstbestimmung. Selbstbestimmung in diesem Sinn ist Abgrenzung gegenüber anderen Menschen: Wie kein Mensch einen anderen zum Sterben drängen, nötigen oder zwingen darf, so auch keiner zum Weiterleben."[207]

Im Jahre 2001 veröffentlichte Küng 20 Thesen zur Sterbehilfe,[208] unter anderem mit der banalen und doch tröstlichen Erkenntnis, wer an ein ewiges Leben in Gott glaube, brauche um eine möglichst „ewige" Verlängerung des irdischen Lebens nicht besorgt zu sein.

Sterbehilfe sei zu verstehen als ultimative Lebenshilfe.

2) Hartmut Kreß

Hartmut Kreß wurde 1954 in Hagen (Hohenlimburg) geboren. Im Jahr 1989 habilitiert, war er von 1993 bis 2000 Professor für Systematische Theologie mit Schwerpunkt Ethik in der Theologischen Fakultät Kiel. Seitdem ist er Professor für Systematische Theologie – insbesondere Ethik – an der Evangelisch-Theologischen Fakultät der Universität Bonn, Abteilung Sozialethik. Er ist Mitglied in zahlreichen Ethik-Gremien. Am 10. Oktober 2010 erhielt er in Bad Herrenalb den Akademiepreis der Evangelischen Akademie Baden in Würdigung eines Vortrags, den er zum assistierten Suizid am 2. Oktober 2009 an derselben Stelle gehalten hatte.

Der Preisträger einer Evangelischen Akademie ein Dissident? Ein evangelischer Theologie-Professor, der seit 20 Jahren lehrt und sich um seinen Lehrstuhl und damit seinen Lebensunterhalt keine Sorgen machen muss? Denn der Entzug der Lehrerlaubnis ist ein typisch katholisches

Disziplinierungs-Instrument. Doch auch in der evangelischen Kirche ist das Entwickeln einer eigenen Meinung keine Selbstverständlichkeit. „Anfang und Ende liegen in Gottes Hand" – dieser Phrase, die in der evangelischen Kirche nicht seltener zu hören ist als in der katholischen, setzt Kreß das Selbstbestimmungsrecht entgegen. In zurückhaltender Form, aber beharrlich.

Schon im Jahr 2001 vertritt er die Ansicht,[209] Freiheit und Selbstbestimmung seien „besonders hochrangige Werte, weil sie sich unmittelbar aus der Menschenwürde ableiten lassen…Damit entsprechen sie den Grundprinzipien einer liberalen Gesellschaft und dem im Judentum und Christentum verankerten Menschenbild, das auf die Menschenwürde, die individuellen Menschenrechte und die Achtung vor der persönlichen Gewissensentscheidung verpflichtet ist." Das für den Sterbenden Angemessene ergebe sich „entscheidend aus dessen eigenem Willen und seinen individuellen Wertüberzeugungen heraus." Im selben Vortrag von 2001 geht Kreß sogar so weit, den medizinisch assistierten Suizid angesichts extremer Einzelfälle von Leiden, Schmerzen oder Aussichtslosigkeit zu „erwägen".

Diesen Gedanken präzisiert er 2004 auf dem Kongress der Deutschen Gesellschaft für Innere Medizin:[210] „In begründeten Grenzfällen…sollte medizinisch assistierter Suizid…straffrei bleiben." Kreß weist darauf hin, dass manchen Schmerzpatienten palliativmedizinisch nicht geholfen werden könne. „Es wäre ethisch nicht vertretbar und widerspräche beim derzeitigen Erkenntnisstand der wissenschaftlichen ethischen Wahrheitspflicht, diese Grenzfälle zu verschweigen."

Ein Jahr später, wiederum auf dem Kongress der Deutschen Gesellschaft für Innere Medizin,[211] zeigt sich Kreß besorgt ob der gegenwärtigen Tendenz, „dass das Prinzip der Patientenautonomie vom Prinzip der Fürsorge geradezu überlagert wird, indem die Selbstbestimmung von Patienten im Licht der ‚Fürsorge' durch Dritte ausgelegt und damit auch eingeschränkt wird." Er fordert, „in einer pluralistischen Gesellschaft, in einem am Freiheitsgrundrecht orientierten Staat und vor dem Hintergrund der abendländischen Freiheitsethik [solle das] Ethos der Selbstbestimmung und bewussten Verantwortungsübernahme nicht eingedämmt, sondern unterstützt werden."

Diesen Gedanken bringt Kreß bei einem Ethik-Symposium der Universität Mannheim im Jahr 2006[212] auf die denkbar kürzeste Formel: „in dubio pro libertate." Er erinnert an Martin Luther, von dem die Willensfreiheit zwar leidenschaftlich bestritten worden sei (Der Mensch gleiche einem Reittier, das von Gott oder vom Teufel beherrscht werde), der Reformator die Freiheitsidee aber doch zu schätzen gewusst habe: Der Mensch sei insofern frei, als Gott selbst es sei, der ihm Freiheit verleiht, der ihm ein innerlich befreites Gewissen vermittelt. Hierdurch werde der Mensch in die Lage versetzt, in der Welt ohne falsche Rücksicht auf äußeren Druck und Abhängigkeiten zu existieren und das Gute zu verwirklichen – so die Freiheitsidee bei Luther.

In einem Referat im Jahr 2009[213] befasst sich Kreß mit der Rangordnung der Verfassungsgüter und beginnt mit der konventionellen Aussage, das Leben gehöre „zu den fundamentalen oder elementaren" Gütern. Dann aber kommt die für einen Theologen überraschende Aussage zur Freiheit: Diese sei „dem Leben übergeordnet. Daher kann es dem einzelnen Menschen nicht verwehrt werden, aus eigener freier Entscheidung heraus sein Leben unter Umständen zur Disposition zu stellen." Kreß bedauert, dass das Gegenteil, der „neopaternalistische Vorrang der Fürsorge" auch in Publikationen der EKD vertreten werde.

Im Oktober 2009 hält Kreß in der Evangelischen Akademie in Bad Herrenalb das Referat,[214] für das er ein Jahr später mit dem Akademiepreis ausgezeichnet wird. Im Christentum sieht er „einen breiten Strang, der die individuelle Freiheit und Selbstbestimmung hochschätzt", und beruft sich dabei auf Thomas von Aquin, der die Freiheit als „Ausdrucksform der menschlichen Gottebenbildlichkeit" gedeutet hatte. Differenzierter als in früheren Veröffentlichungen legt Kreß seine Überlegungen zum ärztlich assistierten Suizid dar:

„Es würde der Rechtssicherheit und der Transparenz dienen, ärztliche Beihilfe unter streng eingrenzenden Bedingungen durch Gesetz zu tolerieren. Der derzeitige Zustand kann dauerhaft schwerlich aufrechterhalten werden. Denn 1. die jetzige Rechtslage ist binnenwidersprüchlich; 2. suizidwillige Patienten fahren in das Ausland, zurzeit vor allem in die Schweiz – es kann aber nicht einleuchten, die Bewältigung moralischer Zweifelsfragen den Nachbarländern aufzuladen; 3. die deutsche Gesellschaft ist säkular und wertplural; faktisch sind in der Bevölkerung und auch unter Ärzten unterschiedliche persönliche Standpunkte zum Suizid anzutreffen; 4. herkömmliche religiöse, philosophische oder moralische Einwände sind nicht mehr haltbar oder sind verblasst."

Zum religiösen Standard-Argument gegen Sterbehilfe, das Leben sei ein Geschenk Gottes, meint Kreß lapidar, niemand sei gezwungen, ein Geschenk immer und überall anzunehmen, denn es gehöre „zum Wesen des Geschenks, dass es nicht aufgezwungen wird und dass der Beschenkte es als hilfreich und bereichernd erlebt."

Am Ende seines Referats in Bad Herrenalb beschäftigt sich Kreß mit dem gesellschaftlichen Rollenbild des Arztes – als hätte er schon im Oktober 2009 geahnt, dass Ärztefunktionäre dereinst (am 1. Juni 2011) Suizidhilfe verbieten und das Verbot mit dem ärztlichen Rollenbild begründen würden.

Gegen die – beim Deutschen Ärztetag am 1. Juni 2011 ausschlaggebende – Behauptung, ärztliche Beihilfe zum Suizid gefährde das gesellschaftliche Rollenbild des Arztes, gibt Kreß zu bedenken: „Es handelt sich um Extremsituationen, um schwerstes und um ein – aus der Sicht der Betroffenen selbst – entwürdigendes Leiden einzelner Menschen. Angesichts eines Ausnahme- und Extremfalls kann nicht die abstrakte Arztrolle das Gut sein, das vorrangig zu schützen ist. Vielmehr besitzen das konkrete Leiden des Betroffenen, die Tragik seines Einzelschicksals, die Würde und der Wille des Patienten in moralischer Hinsicht ihr eigenes Recht, das man nicht beiseiteschieben darf."

In einem Aufsatz im Jahr 2010 analysiert Kreß das Verhältnis der beiden Kirchen[215] und erinnert an den Kern der Reformation des 16. Jahrhunderts: „Abkehr von der hierarchischen Struktur und vom päpstlich-lehramtlichen Zentralismus." Umso befremdlicher sei die zunehmende „Re-Dogmatisierung und Re-Klerikalisierung der Ethik" in evangelischen Kirchen. Als Beispiel verweist Kreß auf den gemeinsamen Brief vom 14. Mai 2008, in dem die Bischöfe Zollitsch und Huber die Abgeordneten des Deutschen Bundestages vor dem Stünker-Gesetzentwurf zur Patientenverfügung warnen wegen der „Einseitigkeit, mit der das Selbstbestimmungsrecht zum Ankerpunkt der gesamten Argumentation gemacht wird." Derartige Dogmatisierung ethischer Fragen beeinträchtige unter Umständen sogar den Grundrechtsschutz.

In der renommierten „Zeitschrift für Rechtspolitik" (ZRP) gibt es – stets begrenzt auf eine Seite – die Rubrik „Pro & Contra". Im Januar-Heft 2011 lautete das Thema „Assistierter Suizid?" In der „Pro"-Spalte fasste Kreß die aus seiner Sicht entscheidenden Argumente zusammen[216], die er in den Jahren zuvor schon ausführlich dargelegt hatte. So war der Inhalt des kurzen Beitrags nicht sonderlich überraschend. Wohl aber die Nachbarschaft: Verfasser der „Contra"-Spalte war kein geringerer als Wolfgang Huber.

H) Diakonische Nächstenliebe

Die Wichern-Klinik ist das größte Krankenhaus in der Stadt. Der volle Name lautet: „Großklinikum Johann Heinrich Wichern im Diakonischen Werk."[217] Der Theologe Wichern (1808-1881) hatte im Jahr 1833 das Rauhe Haus in Hamburg gegründet und 15 Jahre später auf dem ersten evangelischen Kirchentag in Wittenberg den „Centralausschuss für die Innere Mission der deutschen evangelischen Kirche" geschaffen – die Vorläuferorganisation des heutigen Diakonischen Werkes.

Das „Leitbild" des Diakonischen Werks („Wir wenden uns nicht ab, sondern lassen uns anrühren")[218] liest sich wie die Fibel einer christlichen Nachbarschaftshilfe. Tatsächlich ist das Diakonische Werk einer der größten Krankenhaus-Konzerne Deutschlands mit fast einer halben Million Mitarbeitern. All diese Mitarbeiter müssen ihr Handeln an den Leitsätzen ausrichten, z.B. an diesen:

„Unser Glaube spricht durch Taten. Wir geben weiter, was wir von Gott empfangen. Gerade in Zeiten des Umbruchs halten wir an der Verheißung von Frieden und Gerechtigkeit fest. Als Gebende sind wir auch Empfangende. Wir unterstützen einander in unserer täglichen Arbeit. Dazu gehören Angebote der Sinngebung, der Glaubenshilfe und der Seelsorge. Mit unserem Handeln verkünden wir die Menschenfreundlichkeit Gottes."

Auch der Tod bleibt in den Leitsätzen nicht unerwähnt: „Wir lassen uns anrühren. Dazu befähigen uns das Leiden und Sterben Jesu am Kreuz. Seine Auferstehung schenkt uns den Glauben an die Überwindung des Todes. Wir leben in der Gewissheit, dass Gottes Wort uns mit der Hoffnung auf Überwindung allen Leides und des Todes dann aufrichtet, wenn wir am Ende sind. Zur Würde des Menschen gehört, dass Anfang, Mitte und Ende des Lebens in Gottes Hand liegen.

Diakonie ist gelebter Glaube, präsente Liebe, wirksame Hoffnung."

Das Gebäude der Wichern-Klinik ist ein monströser Neubau aus dunklem Backstein. Man hat Angst, sich dieser Trutzburg zu nähern. Über dem Eingangsportal prangt in großen Leuchtbuchstaben „Großklinikum Johann Heinrich Wichern" mit dem blauen Kronenkreuz, dem Symbol der Diakonie. Im Inneren unterscheidet sich das triste Ockergelb der langen Flure und verwinkelten Treppenhäuser nicht von anderen Krankenhäusern. Auf Kritik am protzigen Äußeren des Gebäudes würde ein Wichern-Mitarbeiter vermutlich erwidern, dies sei Stein gewordener Glaube.

An einem sonnigen Tag im Oktober 2008 betritt der Rechtsanwalt das Haus von Ellen Rösler-Bahr. Die beiden hatten sich im September kennen gelernt, als sie bei einem Kammerkonzert nebeneinander saßen. Sie waren sich dann zufällig in einem Supermarkt wiederbegegnet, und nach längerem Gespräch zwischen den Regalen hatte Frau Rösler-Bahr vorgeschlagen, bei ihr zu Hause eine Tasse Tee zu trinken.

So kommt der Rechtsanwalt in eine Gegend, in der er noch nie war. Mitten in der Stadt, umgeben von großen Mietshäusern: eine Schrebergartenidylle mit großen Gärten und kleinen Häusern. Die Straßen ähneln eher breiten Feldwegen, die ohne Bürgersteig direkt in ungepflegten Rasen münden. Auch das Grundstück von Frau Rösler-Bahr wirkt etwas verwahrlost. Am rostigen Gartentor fehlen Schloss und Türgriff. Der schmale Plattenweg ist zum Teil überwuchert. Der Rechtsanwalt nimmt Frau Rösler-Bahr den Einkaufskorb aus der Hand, geht damit voran in Richtung Eingang – und wird von ihr zurückgerufen. Die Eingangstür sei auf der Rückseite. Bei der Haustür vorne mache sie nur gelegentlich die obere Klappe für den Briefträger auf, wenn sie ihn rechtzeitig sehe. Im Garten zeigt sie ihm ihren Lieblingsbaum, eine Apfelquitte. Dann betreten sie durch eine schäbige Tür die Küche. Frau Rösler-Bahr führt ihn ins Wohnzimmer und geht zurück in die Küche.

Während sie dort Tee kocht, schaut sich der Rechtsanwalt in dem kargen Raum um. Keine Vorhänge, abgewetzte Möbel aus den 50er-Jahren, der Esstisch übersät mit Papier und Karteikarten. Sofa und großer Polstersessel wirken nicht einladender als die Stühle am Esstisch. Im Kontrast zu all dem sieht er im Nebenzimmer einen modernen Computer-Bildschirm.

Sie kommt mit einer Teekanne und zwei Tassen auf einem Tablett, räumt von den Papieren so viel zur Seite, dass das Tablett gerade Platz findet und entschuldigt sich: Kekse und dergleichen habe sie leider nicht. Hier in ihrem kleinen Haus fällt dem Rechtsanwalt auf, was ihm beim Konzert und im Supermarkt entgangen war: die Körperfülle, das Doppelkinn, aber ein sehr wacher Blick. Sie spricht langsam und druckreif. Zunächst unterhalten sie sich über Kammermusik, dann folgen juristische Fach-simpeleien (Frau Rösler-Bahr war über viele Jahre Mitglied des Juristin-nenbundes) und schließlich fragt der Rechtsanwalt, was es denn mit den vielen Papieren und Karteikarten auf sich habe.

Frau Rösler-Bahr erklärt, sie verwalte einige Häuser, das bedeute viel Arbeit und noch mehr Ärger. Außerdem sei sie mit ihren 77 Jahren nicht mehr die Schnellste. Immerhin beherrsche sie ihren Computer soweit, dass sie E-Mails verschicken und empfangen könne. Der Rechtsanwalt ist etwas verwirrt, dass jemand in diesem Alter noch mit Immobilien-verwaltung sein Geld verdienen muss. Um nicht taktlos zu sein, stellt er harmlose Fragen, zum Beispiel nach der Art des derzeitigen Ärgers. Die Antwort verwirrt ihn noch mehr. „Wenn einem Häuser gehören, muss man sich ja um alles selber kümmern." Er fragt vorsichtig: „Ach, die Häuser gehören Ihnen?" „Ja, das größte ist ein altes Jugendstilhaus. Das habe ich komplett an die Wichern-Kliniken vermietet. Die betreiben dort ein Kinderheim. Da gibt's zwar viel Zerstörung, aber dafür habe ich nur einen Mieter, und der ist solvent. Die Häuser, bei denen die Wohnungen einzeln vermietet sind, machen viel mehr Arbeit."

Frau Rösler-Bahr bringt ihren Gast zur Küchentür. Bei der Verabschie-dung wirft er einen verstohlenen Blick auf die Einbauküche. Deren Zu-stand ist nicht besser als das Wohnzimmermobiliar. Während er auf dem schmalen Gartenweg darauf achtet, mit den Schuhen nicht am Unkraut hängen zu bleiben, sinniert er darüber, ob das Sack-und-Asche-Gehabe eines Wohlhabenden nicht vielleicht genauso eitel ist wie die Aufschneiderei eines armen Schluckers. Doch sei's drum. Sack und Asche sind jedenfalls im persönlichen Umgang angenehmer als Aufschneiderei.

Beim nächsten Konzert sitzen die beiden wieder nebeneinander und verabreden sich zum Tee in der darauffolgenden Woche. Da erfährt der Rechtsanwalt dann vom Sohn Egon, einem Orthopäden in Leipzig, und von Tochter Sonja, die zwar nicht weit entfernt wohne, aber zwei kleine Kinder habe, deshalb auch nicht viel öfter zu Besuch kommen könne als Egon. Zu ihren beiden Kindern sei das Verhältnis recht gut, aber sie würden natürlich ihr eigenes Leben führen. Immerhin seien sie sich in einem wichtigen Punkt einig: dem Selbstbestimmungsrecht am Lebensende. Schon vor Jahren habe sie beim Notar ihre beiden Kinder in einer Vorsorgevollmacht zu Bevollmächtigten eingesetzt. Der Rechtsanwalt und Frau Rösler-Bahr sprechen lange über Sterbehilfe und den schwierigen Kampf in Deutschland für Selbstbestimmung am Lebensende. Sie sind sich einig, dass es besser wäre, einen Schweizer Pass zu haben.

Bei einem der nächsten Besuche fragt der Rechtsanwalt, ob er bei ihr einen Computer unterstellen könne; auf dem seien Daten, an die niemand herankommen dürfe. Ja, natürlich. Frau Rösler-Bahr steht auf und kommt mit dem Hausschlüssel wieder. Den gibt sie dem Rechtsanwalt, denn er müsse an seinen Computer ja auch dann herankommen, wenn sie nicht zu Hause sei. Dieses Vertrauen erstaunt den Rechtsanwalt nicht weniger als die Diskrepanz zwischen Vermögen und Wohnungseinrichtung.

Wenige Tage später bringt der Rechtsanwalt den Computer und findet das Haus verschlossen. Er öffnet mit leichter Beklemmung die fremde Tür, deponiert den Computer im Keller, legt auf den Tisch im Wohnzimmer einen Zettel mit Dank und Gruß und ist beim Zuschließen der Tür froh, dass niemand auf den Nachbargrundstücken zu sehen ist.

Beim nächsten Tee-Besuch erzählt Frau Rösler-Bahr, sie sei auf einer Vortragsveranstaltung eines Sterbehilfe-Vereins gewesen. In der Diskussion sei es den Teilnehmern immer nur um den eigenen Tod gegangen. Als sei es nicht viel wichtiger, den Gedanken der Freiheit in unserer Gesellschaft zu verbreiten – der Freiheit, zu sterben wann man will. Der Rechtsanwalt ist derselben Meinung. Im weiteren Gespräch stellen sie dann doch einen Unterschied fest: Er glaubt an Gott, sie ganz und gar nicht.

Die Besuche werden seltener, aber immer wieder telefonieren sie miteinander. Anfang Juli 2010 kommt es zum letzten Besuch in dem kargen Hexenhäuschen. Frau Rösler-Bahr sagt dem Rechtsanwalt, sie habe sich im Seniorenstift der Gerhard-und-Gerda-Hefe-Stiftung (einem teuren aber lieblosen Zweckbau fernab von den attraktiven Stadtvierteln) angemeldet und werde, sobald ein Appartement frei wird, dorthin umziehen. Ihr werde der Garten und das Haus zu viel. Auch die Immobilienverwaltung habe sie schon abgegeben. Auf die Frage, ob sie bedacht habe, dass man in einem Altersheim vermutlich keine Sterbehilfe bekommen könne, erwidert sie, ja, das sei ihr klar. Aber sie habe eine Vorsorgevollmacht, und ihre Kinder wüssten, was wann zu tun sei. Außerdem sei ihr Sohn ja Arzt. Zum Abschied schenkt sie dem Rechtsanwalt ein Glas selbst gemachter Quittenmarmelade.

Ende Juli bekommt er von ihr eine E-Mail mit der neuen Adresse und Telefonnummer. Sie schreiben sich gelegentlich E-Mails und telefonieren in größeren Abständen. Ellen Rösler-Bahr wirkt seit dem Umzug ins Altersheim lustlos und träge. Auch am Kontakt zum Rechtsanwalt scheint sie nicht mehr dasselbe Interesse zu haben wie früher. Bei einem Telefonat im November 2010 – es wird das letzte sein – zeigt sich Ellen Rösler-Bahr wegen einer unwichtigen politischen Begebenheit in der Stadt von einer Gereiztheit und Boshaftigkeit, die der Rechtsanwalt bei ihr noch nie erlebt hatte. Zu Weihnachten schickt er eine E-Mail, bekommt aber keine Antwort mehr.

Anfang April 2011 findet der Rechtsanwalt im Posteingang eine E-Mail, mit der er zunächst nichts anfangen kann. Ein Dr. Egon Bahr aus Leipzig schreibt, seiner Mutter gehe es sehr schlecht, sie liege im Krankenhaus, sei nicht ansprechbar, und er bitte sehr um einen baldigen Anruf. Nach längerem Nachdenken erinnert sich der Rechtsanwalt daran, dass der Sohn von Frau Rösler-Bahr Egon heißt und Orthopäde in Leipzig ist.

Er greift spontan zum Telefonhörer und hat auch gleich Dr. Bahr am Apparat. Ohne sich vorzustellen oder sonstige Einleitung legt der Orthopäde los:

Vor sechs Wochen habe eine Altenpflegerin seine Mutter bewusstlos in ihrem Appartement aufgefunden. Ein Notarzt habe sie in die Wichern-Klinik gebracht. Dort sei sie immer noch, nach einigen Tagen auf der Intensivstation nun in der Neurologischen Station. Als Grund für den Kollaps sei eine Enzephalitis diagnostiziert worden, aber zunächst der falsche Typ. Nach zwei Wochen habe man den Fehler erkannt. Bis dahin habe sich der Zustand seiner Mutter von Tag zu Tag verschlechtert, nach Umstellung der Therapie sei dann eine Stabilisierung eingetreten. Er telefoniere mehrmals in der Woche mit dem Stationsarzt Dr. Wuttke. Der mache einen vernünftigen Eindruck, aber lege sich nicht fest. Vor allem bei der Frage passiver Sterbehilfe, das heißt Beendigung der Therapie, weiche er aus und verweise auf die Verantwortung des Oberarztes und des Klinikchefs Prof. Schmundt.

Nach dieser ausführlichen Schilderung kommt der Rechtsanwalt erstmals in dem Telefonat zu Wort und fragt, was er denn mit all dem zu tun habe.

Zur Antwort holt Dr. Bahr nochmals aus: Seine Schwester Sonja, deren Lebenspartner selber Arzt sei, besuche die Mutter jeden Tag und spreche auch häufig mit Dr. Wuttke. Der betone seit Tagen stereotyp, die therapeutischen Möglichkeiten der Wichern-Klinik seien erschöpft, und die Mutter müsse in ein Pflegeheim verlegt werden. Dem könnten er und seine Schwester aber nicht zustimmen, denn das verstoße gegen den Wunsch der Mutter, die noch kurz vor ihrem Zusammenbruch – wie auch in früherer Zeit recht häufig – betont habe, sie wolle nie und nimmer in geistiger Umnachtung dauerhaft an Schläuchen hängen. Aber genau dieser Zustand sei jetzt erreicht und solle durch die Verlegung in ein Pflegeheim perpetuiert werden.

Der Rechtsanwalt unterbricht und fragt abermals, was denn von ihm erwartet werde. Den Willen der Mutter durchzusetzen, sagt Dr. Bahr stockend. Er und seine Schwester seien damit überfordert. Der Rechtsanwalt gibt zu bedenken, er sei kein Spezialist für Betreuungsrecht, aber er werde sein Bestes tun, Ellen Rösler-Bahr vor würdelosem Dahinsiechen zu bewahren.

Er verabredet mit Dr. Bahr, dass der am nächsten Freitag seine Praxis zur Mittagszeit schließt, zu seiner Schwester fährt, und sie dann zu dritt in die Wichern-Klinik weiterfahren, um mit Chefarzt Schmundt zu sprechen.

Als der Rechtsanwalt am nächsten Freitag bei Sonja Bahr ankommt, ist sie gerade dabei, ihre drei kleinen Kinder auf die Nachmittags-Betreuung durch eine Nachbarin vorzubereiten. Zum Kindergeschrei kommt das Klingeln des Telefons. Nachdem Sonja Bahr abgenommen hat, klingelt auch noch ihr Handy. Schließlich kehrt etwas Ruhe ein, sie setzt sich zum Rechtsanwalt ins Wohnzimmer, gibt dem Kleinsten die Flasche und fängt an zu erzählen:

Ihre Mutter sei immer sehr eigenwillig, manchmal sogar starrköpfig gewesen. Beispielsweise habe sie den Wechsel vom eigenen Haus ins Gerhard-und-Gerda-Hefe-Altenheim mit den Kindern nicht abgesprochen. Richtig glücklich sei sie dort nie gewesen, obwohl sie zum erlauchten Kreis derjenigen gehört habe, mit denen das Stifter-Ehepaar Hefe gelegentlich zu Abend aß.

Sonja Bahr fährt fort, dass sie in den sechs Wochen seit der Einlieferung in die Wichern-Klinik ihre Mutter jeden Tag besucht habe, ohne dass die sie auch nur ahnungsweise wiedererkannt hätte. Besonders belastend seien die zwei Phasen gewesen, in denen die Mutter auf der Intensivstation lag, denn dorthin hätte sie ihre drei Kinder nicht mitnehmen dürfen.

Nun seit drei Wochen liege die Mutter in der Privatstation der Neurologischen Klinik, wo sich eine Stabilisierung des körperlichen Zustands eingestellt habe, nachdem in der Anfangszeit die Werte häufig so schlecht waren, dass ständig mit einem baldigen Ableben zu rechnen war. Dass in der Anfangszeit falsche Medikamente gegeben worden seien, wolle sie der Wichern-Klinik nicht anlasten. Ihr Bruder habe sich bei internistischen und neurologischen Kollegen erkundigt und übereinstimmend erfahren, dass bei Enzephalitis die Diagnose des richtigen Typs sehr schwierig sei.

Ein merkwürdiger Vorfall habe sich vor zwei Wochen ereignet. Ohne Absprache mit ihr oder ihrem Bruder sei bei ihrer Mutter eine Magensonde durch die Nase gelegt worden. Sie habe Stationsarzt Dr. Wuttke gefragt, wie es dazu gekommen sei, der habe sie aber an Oberarzt Dr. Maus verwiesen. Mit viel Mühe und nach langem Warten sei es ihr gelungen, Dr. Maus zu sprechen. Auf ihren Vorhalt, die Magensonde widerspreche der Patientenverfügung, die einen Tag nach Einlieferung dem diensthabenden Arzt in der Intensivstation übergeben worden sei, habe Dr. Maus geantwortet, er wisse nichts von einer Patientenverfügung.

Einen Tag später habe sie Dr. Maus zufällig auf dem Flur getroffen. Beiläufig habe er erwähnt, die Patientenverfügung habe sich doch in den Krankenakten befunden, aber – so habe er ungefragt hinzugefügt – eine medizinisch indizierte Magensonde werde nicht entfernt.

Seit Tagen dränge Dr. Wuttke auf eine Verlegung in ein Pflegeheim, und am Vortag sei sie im Krankenzimmer der Mutter von einer Mitarbeiterin des Wichern-Sozialdienstes aufgesucht worden: In einem Pflegeheim, das zur Wichern-Klinik gehöre, sei gerade ein Platz frei. Die Erzählung von Sonja Bahr wird vom Klingeln an der Haustür unterbrochen. Ihr Bruder steht vor der Tür. Er ist mit dem Taxi gekommen und schlägt vor, dass man damit gleich zur Klinik weiterfahren könne.

Sonja Bahr kennt den Weg durch die verwinkelten Flure und Halb-Etagen. Sie betritt als erste das Zimmer ihrer Mutter, geht ans Bett, streichelt Gesicht und Hände und geht wieder, um nach dem Chefarzt Prof. Dr. Schmundt zu suchen. Nun tritt der Sohn zögernd ans Bett. Er fasst die Hand der Mutter, seine Augen werden feucht, Tränen rinnen über seine Wangen und er beginnt zu schluchzen. Als kurze Zeit später seine Schwester zurück ins Zimmer kommt und ihren Bruder umarmt, findet er schnell wieder seine Beherrschung.

Der Rechtsanwalt tritt nicht ans Bett. Schon aus der Entfernung von zwei Metern ist der Anblick von Ellen Rösler-Bahr für ihn schwer erträglich. Der Körper aufgedunsen, das Gesicht noch stärker, ungepflegte Haare, die Haut teils grau teils fleckig-gerötet, ständiges Röcheln, vier oder fünf Schläuche, die unter einem schräg sitzenden, den Körper nur teilweise bedeckenden Krankenhemd verschwinden, der Urinbeutel zu zwei Dritteln voll. Der Sohn nimmt erneut ihre Hand, spricht einige Sätze wie zu einem Kleinkind – keinerlei Reaktion.

Sonja Bahr weist auf das große Holzkreuz an der Wand und einen überdimensionierten Abreißkalender mit frommen Tages-Sprüchen. Wäre ihre Mutter bei Sinnen, würde sie darauf bestehen, dass beides abgehängt wird. Aber die Mutter nehme ja nichts wahr, und für sie als Tochter sei das nicht so wichtig, als dass sie deshalb einen Konflikt mit der Stationsleitung provozieren wolle.

Die Tür geht auf und Professor Schmundt betritt den Raum. Er ist zwanzig Jahre älter, als der Rechtsanwalt erwartet hatte. Die Homepage der Wichern-Kliniken scheint schon lange nicht mehr aktualisiert worden zu sein. Er gibt den beiden Geschwistern die Hand und dann mit derselben Freundlichkeit dem Rechtsanwalt, als sei er von dessen Anwesenheit nicht überrascht. Nach kurzem Blick auf die Patientin und der munteren

Äußerung, sie habe sich in den letzten Tagen ja durchaus stabilisiert, bittet er in sein Büro.

Dort nehmen die drei Besucher in einer bequemen Ledergarnitur Platz. Er selbst setzt sich auf einen Holzstuhl, wodurch er – möglicherweise unbeabsichtigt – eine deutlich höhere Sitzposition hat als seine Gäste. Er beginnt ohne Umschweife mit dem Hinweis, nicht viel Zeit zu haben, was er auch bei seinen Gästen vermute. Als Gesprächsgrundlage wolle er deshalb die Situation zusammenfassend darstellen. Was folgt, ist ein fünfundzwanzig Minuten langer, nicht sonderlich klar strukturierter Monolog ohne Pause, so dass seine „Gesprächs"-Partner keine Möglichkeit haben, mit Fragen oder Einwürfen zu intervenieren.

Zunächst schildert er die Krankengeschichte von Ellen Rösler-Bahr, ihre Einlieferung in die Notaufnahme, danach Intensivstation, Verlegung in die Neurologische Klinik, Rückverlegung in die Intensivstation und schließlich wieder seit drei Wochen der stationäre Aufenthalt hier in der Neurologischen Klinik. Dann folgt eine Abhandlung über die verschiedenen Formen der Enzephalitis, über mehr oder weniger wahrscheinliche Ursachen, über leichte, mittlere und schwere Krankheitsverläufe und generelle Heilungschancen. Am konkretesten ist seine Aussage, dass es zum jetzigen Zustand der Patientin einige Vergleichsfälle gebe, in denen durchaus noch Besserung eingetreten sei.

Die fehlerhafte Medikation am Anfang nennt er eine „Behandlungs-Variante mit unbefriedigenden therapeutischen Ergebnissen." Dann kommt Professor Schmundt endlich zur Magensonde. Aber nicht gleich zu der, über die Ellen Rösler-Bahr ernährt wird, sondern generell zur Magensonde als Symbol christlicher Fürsorge. Er weist darauf hin, dass das Großklinikum Johann Heinrich Wichern eine Einrichtung der Diakonie sei, dass die Leitsätze des Diakonischen Werks auch für ihn persönlich die Richtschnur seines ärztlichen Handelns seien, und dass er in den zweieinhalb Jahrzehnten, in denen er hier Chef der Neurologischen Klinik sei, noch nie Anlass gehabt habe, von dieser Richtschnur abzuweichen. Es habe auch noch nie die Notwendigkeit einer gerichtlichen Intervention gegeben.

Als Arzt und Christ sei es seine Aufgabe, Leben zu erhalten. Niemand könne von ihm anderes verlangen. Was die Patientin Rösler-Bahr angehe, sei das Legen einer Magensonde mit anschließender Verlegung in ein Pflegeheim – ein Platz stehe im Übrigen bereit – der einzig gangbare Weg.

Nun ergreift der Sohn das Wort, bedankt sich für die bisherigen Bemühungen der Wichern-Klinik, gebraucht einige medizinische Fachtermini, die kollegiales Einvernehmen mit Professor Schmundt ausdrücken sollen, und erwähnt in geradezu entschuldigendem Tonfall, dass seine Mutter in ihrer Patientenverfügung eine Magensonde abgelehnt habe.

Hier zeigt sich, dass Chefarzt Schmundt sich gut auf das Gespräch vorbereitet hat: Nein, die Ablehnung der Magensonde in der Patientenverfügung sei eingeschränkt für den Fall, dass die Sonde nur der Überbrückung diene, dass eine Besserung denkbar sei. Und bei Frau Rösler-Bahr sei eine Besserung jedenfalls nicht ausgeschlossen.

Nun ergreift der Rechtsanwalt das Wort und fragt, wie denn die „nicht ausgeschlossene" Besserung aussehen könne, ob beispielsweise die Chance bestehe, dass Frau Rösler-Bahr wieder das Bewusstsein erlangt. Dr. Schmundt holt zur Antwort weit aus und äußert sich zur generellen Verlaufs-Wahrscheinlichkeit in der Medizin: Wahrscheinliches könne ausbleiben und Unwahrscheinliches könne eintreten. Das gelte auch für die Wiedererlangung des Bewusstseins. Bei Frau Rösler-Bahr bestehe keinerlei Anlass, die Behandlung abzubrechen.

Nun wird der Rechtsanwalt im Tonfall scharf: Es bestehe sehr wohl Anlass, weil nämlich die beiden Kinder als Betreuungsbevollmächtigte der Mutter in deren Sinne es so wollen. Das hätten die Betreuungsbevollmächtigten bisher nicht zum Ausdruck gebracht, bemerkt der Chefarzt süffisant. Sie säßen ja nun hier und könnten es zum Ausdruck bringen, platzt es aus dem Rechtsanwalt heraus, noch schärfer als zuvor.

Der Chefarzt fragt den Sohn mit samtener Märchenonkelstimme, ob er sich nun vielleicht äußern wolle. Statt in einem kurzen Satz den Behandlungsabbruch zu verlangen, schickt sich Dr. Egon Bahr an, seinen Kollegen Schmundt an Langatmigkeit noch zu übertreffen. Endlich kommt er zum Ende und sagt, er wolle, dass seine Mutter nicht länger am Sterben gehindert wird. Sonja, die die ganze Zeit geschwiegen hatte, sagt auch jetzt nur: ja, das wolle sie auch.

Es entsteht eine lange Pause, bei der alle im Raum voller Konzentration Löcher in die Luft starren, um niemanden anschauen zu müssen. Plötzlich sagt Prof. Dr. Schmundt ja, so werde es gemacht, steht auf als Geste des Gesprächsendes, bringt seine drei Gäste noch zum Aufzug und geht dann zurück in sein Zimmer.

Immer noch etwas verwirrt ob dieses abrupten Gesprächsendes verabschiedet sich der Rechtsanwalt vor dem Klinikeingang von den Geschwistern Bahr und verspricht ihnen, sie auch bei einer juristischen Auseinandersetzung mit der Wichern-Klinik zu unterstützen, falls die die Ernährung mittels Magensonde nicht beende.

Eine Woche später ruft Dr. Egon Bahr den Rechtsanwalt an und teilt mit, seine Mutter sei am Vortag gestorben. Zwei Tage nach dem Gespräch habe die Wichern-Klinik die Magensonde entfernt, die Ernährung von Ellen Rösler-Bahr eingestellt und mit einer Morphium-Begleittherapie begonnen. Seine Mutter sei dann friedlich eingeschlafen. Bei seinem letzten Besuch in der Klinik am Tag vor dem Ableben der Mutter habe er von Stationsarzt Dr. Wuttke erfahren, dass es in der Wichern-Klinik diese Art von passiver Sterbehilfe noch nie gegeben habe. Im Interesse der Klinik habe Chefarzt Schmundt öffentliches Aufsehen vermeiden wollen, das bei einer gerichtlichen Auseinandersetzung mit dem Rechtsanwalt, der als streitlustig bekannt sei, zu erwarten gewesen wäre.

Der Rechtsanwalt freut sich, dass er Ellen Rösler-Bahr mit seiner Gesprächsteilnahme einen letzten Freundschaftsdienst hatte erweisen können. Merkwürdig bleibt aber doch, dass es eines als streitlustig bekannten Rechtsanwalts bedarf, damit ein Diakonie-Krankenhaus das Selbstbestimmungsrecht seiner Patienten respektiert.

I)   Jesuitenschüler Thomas Wolff

Am Sonntag, dem 20. Januar 1952 kommt Thomas Wolff in der Charité in Ost-Berlin zur Welt.[219] Der Vater ist Einzelhandelskaufmann, die Mutter Krankenschwester. Es folgen noch drei Brüder. Die Eltern erziehen ihre vier Söhne streng katholisch, was in Ost-Berlin auf immer mehr Probleme stößt. 1959 übersiedelt die Familie nach West-Berlin. Dort muss sie zunächst in einem Lager leben. Mit einem Jahr Verspätung wird Thomas in der Bruno-Taut-Schule in Britz eingeschult. Er ist ein guter Schüler und wechselt zur fünften Klasse aufs Canisius-Kolleg in Tiergarten.

Im Jahre 1970 erkrankt der Vater von Thomas an Leukämie und stirbt qualvoll im Alter von 43 Jahren.

Zwei Jahre später besteht Thomas die Abiturprüfung mit guten Noten und beginnt gleich anschließend mit dem Chemiestudium. Im Alter von 21 heiratet er standesamtlich, ein Jahr später kirchlich, danach folgt die Geburt des ersten Sohnes.

Zur selben Zeit wird bei Thomas' Mutter Gebärmutterkrebs festgestellt. Nach einer Totaloperation kommt es zur Metastasierung. 1976 stirbt sie im Alter von 46 Jahren genauso qualvoll wie ihr Mann sechs Jahre zuvor. 1978 wird der zweite Sohn von Thomas Wolff geboren. Jetzt erst allmählich findet er die Kraft, sich neben der Familie auch ums Studium zu kümmern. Vier Jahre später besteht er die Diplom-Prüfung.

Wegen der zweifelhaften Berufsaussichten für Diplom-Chemiker beginnt er ein Pharmazie-Studium, das er bereits nach drei Semestern – wieder mit Diplom – abschließt. Zunächst arbeitet er als angestellter Apotheker, wechselt dann aber in ein Industrie-Unternehmen als Chemie-Ingenieur.

1) Glaube

Nach der streng katholischen Erziehung im Elternhaus gewinnt der Glaube im Canisius-Kolleg noch größere Bedeutung.

Immer wenn Thomas Wolff von der Schulzeit berichtet, gerät er ins Schwärmen, erzählt von lebhaften Diskussionen mit den Jesuitenpatres, die die Schüler nicht belehren, sondern als Gesprächspartner ernst nehmen, die dem Wissensdurst und der Kritiklust der pubertierenden Schüler gewachsen sind und Schwierigkeiten nicht ausweichen.

Voller Hochachtung spricht er über seinen Klassenlehrer, der 30 Sprachen beherrscht. Auf die Frage von Thomas, ob es Gott überhaupt gebe, antwortet der Pater nicht mit „ja" – er sagt vielmehr, das könne man nicht beweisen, aber das Gegenteil auch nicht. Eine solche Antwort stärkt den Glauben des Schülers mehr, als es ein inbrünstiges „ja" getan hätte.

Die überstürzte Familiengründung direkt nach Studienbeginn lässt Thomas' Interesse für Glaubensfragen in den Hintergrund treten. Nach einigen Jahren, in denen er nie mehr einen Gottesdienst besucht hatte, tritt er aus der Kirche aus. Später, als es ihm körperlich immer schlechter geht, findet er nicht zurück zur Kirche. Aber die Erinnerung an die Jesuitenpatres einerseits und die Verbitterung über den frühen und qualvollen Tod seiner Eltern andererseits lassen ihn recht häufig von Gott sprechen, wenn auch meist negativ: Falls es Gott gebe, könne er den nur hassen, so wie der seine Eltern habe krepieren lassen.

Trotz des Kirchenaustritts wird der Canisius-Schüler seinen Glauben nicht los.

2) Liebe

Eines Tages kurz nach dem dreißigsten Geburtstag, als Thomas Wolff in eine U-Bahn einsteigen will, stolpert er an der Bahnsteigkante, so dass er beinahe in den U-Bahn-Wagen fällt. Er geht zum Arzt, der eine Ataxie (Störung der Bewegungs-Koordination) feststellt, die nach einer Kortison-Behandlung rasch wieder verschwindet.

Im Alter von 34 Jahren erkrankt Thomas Wolff an rätselhaften Symptomen, die erst Jahre später als Sehnervenentzündung diagnostiziert werden. Ein Jahr später treten Sehstörungen auf, die in den Folgejahren wiederkehren.

Im Jahr 1991, Thomas Wolff ist mittlerweile 39 Jahre alt, wird die Ehe geschieden. In späteren Jahren äußert er sich nur andeutungsweise zu den Gründen. Mit den Krankheitssymptomen habe die Scheidung nichts zu tun, er sei eben eher ein „Tüftler"-Typ und Eigenbrötler. Der Kontakt zur Ex-Frau bricht völlig ab, der zu seinen Söhnen wird immer seltener und oberflächlicher.

Wegen erheblicher Gleichgewichtsstörungen wird Thomas Wolff stationär im Krankenhaus untersucht, ohne Befund. Erst ein Jahr später, im Frühjahr 1993 während eines vierwöchigen Krankenhausaufenthalts, wird Multiple Sklerose festgestellt. Im Abschlussbericht der Ärzte wird die auffallende Depressivität von Thomas Wolff erwähnt.

Im Alter von 42 Jahren muss er seine Stelle als Chemie-Ingenieur aufgeben. Fortan lebt er von Berufsunfähigkeitsrente. Der Krankheitsverlauf ist schleichend, trotz motorischer Einschränkung kann sich Thomas Wolff selber versorgen. Mit 46 Jahren kommt es zu einem schweren Krankheitsschub. Im Krankenhaus kann man wenig für ihn tun. Er kann sich nur noch mit Krücken oder anderen Gehhilfen fortbewegen, und auch mit diesen Hilfsmitteln nur noch wenige Meter.

Sein Bruder Paulus besucht ihn jeden Tag und hilft ihm so gut er kann.

Eines Tages erfährt Paulus, dass er wegen einer Operation für zwei Wochen ins Krankenhaus muss. Als er das seinem Bruder erzählt – er empfindet es eher als Beichte – ist das für Thomas ein furchtbarer Schlag. Völlig deprimiert, findet der nachts keinen Schlaf mehr, wird tagsüber ständig von Tränen übermannt und kann Paulus gegenüber seine Niedergeschlagenheit nur mit größter Mühe verbergen. Am Vorabend der Operation ist es mit der Beherrschung vorbei. Die beiden Brüder liegen sich schluchzend in den Armen. Beiden ist die Kehle zugeschnürt, und sie sprechen den ganzen Abend so gut wie nichts.

Schon an dem Tag, an dem Paulus von der bevorstehenden Operation erfuhr, hatte er sich um eine Ersatz-Pflegekraft für seinen Bruder bemüht. Nach Warnungen einiger Freunde vor der Diakonie und anderen großen Organisationen – da werde ständig wechselndes Personal eingesetzt, das meist auch nur gebrochen Deutsch spreche – hatte sich Paulus an die „Charlottenburger Pflege-Hilfe St. Anna" gewandt, deren resolut-katholische Geschäftsführerin ihm zwar nicht sympathisch war, die aber immerhin eine vertrauenerweckende Autorität und Organisationstalent ausstrahlte.

Nach längerem Blättern in einem dicken zerfledderten Buch hatte sie gemeint, Schwester Irmgard Kölbl könne seinen Bruder täglich von 14 bis 16 Uhr besuchen, für voraussichtlich 10 Tage, vielleicht auch etwas länger. Paulus hatte überlegt, ob er seinem Bruder, der von der katholischen Kirche längst nichts mehr wissen wollte, eine Nonne mit vermutlich schwerem Eisenkreuz auf der Brust als Pflegerin zumuten könne. Mangels irgendwelcher Alternativen hatte er nach kurzem Zögern zugesagt. Zum Abschied war die Geschäftsführerin dann zutraulicher geworden: Schwester Irmgard wohne selber in Charlottenburg und sei vielleicht bereit, auch mal außer der Reihe in der Mommsenstraße (der Wohnung von Thomas) vorbeizuschauen.

Der gemeinsame Abend vor dem Operationstag endet nach der langen Umarmung mit einem gegenseitigen Kuss auf die Wange. Paulus steht

142

schon an der Wohnungstür, als er zum Abschied etwas Lustiges sagen will und sich noch einmal umdreht: „Und pass auf, dass Schwester Irmgard dich nicht wieder zum Katholizismus bekehrt!" Thomas lächelt gequält, und Paulus weiß, dass er besser geschwiegen hätte.

Am nächsten Tag klingelt es Punkt 14 Uhr. Die Frau, die vor der Wohnungstür steht, hat kein schweres Kreuz vor der Brust. Sie trägt Jeans und T-Shirt. Thomas Wolff bietet ihr einen Sessel im Wohnzimmer an. Er will etwas sagen, spürt aber einen Druck im Hals und muss schlucken. „Sie sind Irmgard Kölbl? Ich hatte Sie mir ganz anders vorgestellt." „Ach ja, wie denn? Mit Häubchen, Ordenstracht und Kreuz an der Halskette?" Thomas Wolff weiß vor Verlegenheit nicht, wohin er schauen soll. „Nun, dann erzählen Sie mal, welche Krankheiten Sie haben und was ich in den zwei Stunden täglich für Sie tun kann."

So beginnt für Thomas Wolff die Liebe seines Lebens.

3) Hoffnung

Paulus wird schon nach acht Tagen aus dem Krankenhaus entlassen. Er lernt Schwester Irmgard kennen, die noch einige Tage länger Thomas Wolff pro Tag zwei Stunden lang betreut. Auch nachdem Paulus die Pflege seines Bruders wieder übernommen hat, bleibt der Kontakt zu Irmgard (auf die Anrede „Schwester" wird längst verzichtet) erhalten. Manchmal besucht sie Thomas, gelegentlich sogar unangemeldet, manchmal ruft auch er sie an und bittet um Hilfe.

Die wird immer häufiger nötig, denn mittlerweile sitzt Thomas im Rollstuhl, ist inkontinent, und dann kommt auch noch Dekubitus hinzu. Paulus ist mit der Pflege zunehmend überfordert. Irmgard hat sich von „St. Anna" verabschiedet und eine eigene Hauspflege-Firma gegründet. Thomas Wolff ist ihr erster Kunde.

Einige Wochen nach seinem 50. Geburtstag wird er von einem heftigen Schub heimgesucht, muss für einige Wochen ins Krankenhaus und ist fortan fest bettlägerig. Thomas Wolff kann das Krankenhaus nur verlassen und in die eigene Wohnung zurückkehren, weil Irmgard die Pflege vollständig übernimmt. Als in seinem Haus in der Mommsenstraße eine Wohnung frei wird, zieht Irmgard dort ein. Die räumliche Nähe verstärkt die Vertrautheit zwischen beiden. Es kommt zu flüchtigen Zärtlichkeiten, bisweilen auch zu Spannungen.

Im Jahr 2005 wird Thomas Wolff bewusstlos ins Krankenhaus gebracht. Nun hat er auch noch Diabetes. Die Einstellung mit Insulin ist schwierig.

Einige Wochen später wird er erneut bewusstlos ins Krankenhaus eingeliefert. Er hat Tabletten geschluckt, mit denen er sich umbringen wollte. Die Klinik, in die er diesmal kommt, wird von einem Canisius-Mitschüler als Chefarzt geleitet. Er besucht Thomas, nachdem der wieder zu sich gekommen ist und meint, das sei haarscharf gut gegangen. Thomas erwidert: Nein, das sei haarscharf schlecht gegangen, warum er ihn denn nicht habe sterben lassen. Der Chefarzt meint kühl: Diese Frage stelle sich für einen Katholiken nicht.

Irmgard fragt Thomas später einmal, woher er denn die Pillen gehabt habe, aber der schweigt. Sie hakt nicht nach und spricht auch Paulus nicht darauf an.

Eines Abends im Herbst 2007 sagt Irmgard, ihr Freund Torsten, mit dem sie seit einigen Monaten zusammen sei, habe vor kurzem die Idee gehabt, mal mitzukommen. „Willst du ihn kennenlernen? Er könnte morgen Nachmittag vorbeikommen." Thomas Wolff spürt deutliche Eifersucht und sagt pflichtschuldig „Ja, ich freu' mich ihn kennenzulernen."

Schon die erste Begegnung verläuft unkompliziert. Torsten ist offen, fröhlich und genauso Technik-begeistert wie Thomas. Beiden geht der Gesprächsstoff nie aus. Manchmal geraten sie in geradezu hitzige Begeisterung, so dass sich Irmgard an den Rand gedrängt fühlt.

Donnerstag, der 13. November 2008 ist ein trüber, regnerischer Tag. Torsten kommt zu Besuch und zieht die Schuhe aus, bevor er die Wohnung betritt. Er hat seit längerem einen Wohnungsschlüssel. Nach kurzer Begrüßung, bei der ihm schon auffällt, dass Thomas in sich gekehrter ist als bei den letzten Besuchen, macht er sich in der Küche eine Tasse Kaffee und setzt sich dann ans Bett. Thomas fängt gleich an zu sprechen, und es wirkt, als habe er die ersten Sätze auswendig gelernt:

„Seit Wochen unterhalten wir uns über die schlimme Gegenwart und die Zukunft, die nur schlimmer werden kann. Unklar ist doch nur noch, wann und wie schnell es weiter bergab geht. Gott sei Dank hast du nie versucht, meine Situation schönzureden. Mit Paulus habe ich den besten Bruder der Welt. Dass ich Irmgard vor Jahren kennengelernt habe, ist das Glück meines Lebens. Und dass auch du, auf den ich anfangs ziemlich eifersüchtig war, längst zum Freund geworden bist, macht mich auch glücklich.

Aber es kommt mir völlig absurd vor, wenn ich mich selbst das Wort ‚Glück' sprechen höre. Paulus, Irmgard und du – ich weiß, dass es vielleicht auf der ganzen Welt niemanden in meiner Situation gibt, der drei so tolle Menschen in seiner Nähe hat. Aber du musst arbeiten und Paulus auch, alles hängt an Irmgard. Ihr könnt sie nicht ersetzen. Wenn Irmgard ausfällt, muss ich ins Heim. Wie oft habe ich schon geträumt: Ein Pfleger fährt mich im Bett über einen langen Flur, vorbei an lauter Krankenzimmern mit offener Tür und schiebt mich am Ende des Flurs in einen hellen gekachelten Raum, drückt mir einen Klingelknopf in die Hand und sagt, wenn ich was wolle, solle ich klingeln. Der Pfleger geht, lässt die Tür offen, ich höre Geräusche auf dem Flur, drücke den Klingelknopf, ich warte, es passiert nichts – und ich wache schweißgebadet auf.

Ich habe früher nie geträumt, und jetzt habe ich Angst vor dem Einschlafen, weil ich fürchte, mit diesem Traum wieder aufzuwachen. Und tagsüber habe ich fast nur noch einen Gedanken: Wie lange kann ich noch meinen rechten Arm und meine rechte Hand bewegen? Wann geht auch das nicht mehr? Wird sich das langsam ankündigen oder wache ich eines Morgens auf und kann überhaupt nichts mehr bewegen? Die panische Angst, dass ich die Zeit verpasse, noch selber den Giftbecher trinken zu können, raubt mir den letzten Funken Freude am Glück, euch drei zu haben.

So oft haben wir in letzter Zeit über Suizid und Sterbehilfe gesprochen, aber immer nur als Möglichkeit. Ihr habt mir doch gesagt, dass ihr mir helfen werdet, auch wenn's euch schwer fällt. Sprich mit Irmgard und Paulus. Ich will nicht mehr."

Torsten zuckt innerlich zusammen, obwohl er schon bei der Begrüßung geahnt hatte, dass dieser Satz fallen würde. Zwischen ihm und Irmgard gab es in letzter Zeit fast kein anderes Gesprächsthema mehr. Wenige Tage zuvor hatten sie sich mit Paulus getroffen und die organisatorischen Fragen besprochen.

Torsten überlegt, ob er auf all das eingehen soll, was Thomas gerade gesagt hat, beschränkt sich dann aber doch auf wenige Worte: „Du weißt, dass wir zu dir halten. Sag, wann wir dir helfen sollen."

„So schnell wie möglich."

Am Samstag, dem 15. November 2008 kommt Torsten gegen 9.30 Uhr. Er vergisst, die Schuhe auszuziehen, obwohl das Wetter nicht besser ist als zwei Tage zuvor.

„Willst du wirklich?"

„Ja natürlich, Irmgard war vorhin hier und hat mich dasselbe gefragt. Über Nacht ist kein Wunder geschehen."

Torsten geht in die Küche und trifft die Vorbereitungen so, wie man es ihm aufgetragen hatte. Er kommt mit zwei Gläsern, in jeder Hand eines, und stellt sie so auf Nachttisch neben dem Bett, dass Thomas sie mit der rechten Hand anfassen kann.

„Ist es egal, in welcher Reihenfolge ich sie trinke?" „Nein, wenn du es wirklich willst, musst du zuerst das linke trinken." „Ich habe doch gerade schon gesagt, dass ich will." Thomas nimmt das linke Glas und trinkt es aus ohne abzusetzen. „Wie hat's denn geschmeckt? Man hat mir gesagt, der Geschmack sei ziemlich eklig." „Nein, nein, es geht. Und was ist mit dem anderen Glas? Muss ich damit warten oder kann ich das auch gleich trinken?" „Egal. Wie du willst."

Thomas nimmt das zweite Glas und trinkt es genauso zügig wie das erste. Er stellt es auf den Nachttisch zurück und fragt: „Was passiert denn jetzt?" „In wenigen Minuten wirst du einschlafen und dann nicht mehr aufwachen."

„Endlich." Nach längerer Pause: „Ich danke dir Torsten, dass du hier bist. Und sag auch Paulus und Irmgard, dass ich sie lieb habe." Um 10.42 Uhr schläft Thomas Wolff ein. Um 12.13 Uhr hört sein Herz auf zu schlagen.

Seine Hoffnung hat sich erfüllt. Thomas Wolff musste nicht ins Heim. Die Liebe seiner Nächsten hat ihn davor bewahrt.

J) Literatur, zwei Lebensläufe und die Fußnoten

1) Literatur

(Archiv / Dokumente A-Z) und (Archiv / Datum) verweisen auf www.SterbeHilfeDeutschland.de > Archiv

Aachener Nachrichten (2010) Streit voll entbrannt: Dürfen Ärzte beim Suizid helfen? (Archiv / 29. Dezember 2010)

Amtsblatt des Kantons Zürich (2011) Ergebnisse der Volksabstimmungen vom 15. Mai 2011 „Nein zum Sterbetourismus im Kanton Zürich!" und Einreichung einer Standesinitiative „Stopp der Suizidhilfe!" sowie Beschluss des Regierungsrates vom 6. Juli 2011 über die Feststellung der Rechtskraft. Amtsblatt S. 1566f., 1618-1627 und 1938f. (Archiv / Dokumente A-Z)

Ärzte für das Leben (2011) Pressemitteilung zu den neuen Bundesärztekammer-Grundsätzen zur Sterbebegleitung (Archiv / 18. Februar 2011)

Ärzte Zeitung (2010) Neue Regeln für Suizidbeihilfe (Archiv / 27. Dezember 2010)

Ärzte Zeitung (2011) BÄK-Spitze sucht nach gemeinsamer Position (Archiv / 11. Januar 2011)

Ärzte Zeitung (2011a) Weiter Streit um ärztliche Sterbebegleitung (Archiv / 5. Mai 2011)

Ärztekammer Nordrhein (2005) Presserklärung: Jörg-Dietrich Hoppe wird 65 (Archiv / 24. Oktober 2005)

Badische Zeitung (2010) Patrozinium: Freiburg feiert Maria Himmelfahrt im Münster (Archiv / 15. August 2010)

BÄK intern (2008) Informationsdienst der Bundesärztekammer (Archiv / 1. Juli 2008)

Bauer E.J. et al. (2011) Wenn das Leben unerträglich wird. Suizid als philosophische und pastorale Herausforderung. Kohlhammer, Stuttgart

Baumann J. (1975) Strafrecht Allgemeiner Teil. Lehrbuch 7. Auflage. Gieseking, Bielefeld

Benedikt XVI. (2007) Botschaft zur Feier des Weltfriedenstages am 1. Januar 2007. Amtsblatt des Erzbistums Köln, Stück 1, 147. Jahrgang, 1. Januar 2007 (Archiv / Dokumente A-Z)

Benedikt XVI. (2007a) Papst verurteilt „aktive Sterbehilfe". Kleine Zeitung vom 7. September 2007 (Archiv / Dokumente A-Z)

Benedikt XVI. (2008) Papst verurteilt aktive Sterbehilfe. Kipa vom 25. Februar 2008 (Archiv / Dokumente A-Z)

Boulevard Baden (2011) Ärzteschaft will Hilfe zur Selbsttötung eindeutig ausschließen (Archiv / 29. Mai 2011)

Bundesärztekammer (2007) Empfehlungen der Bundesärztekammer und der Zentralen Ethikkommission bei der Bundesärztekammer zum Umgang mit Vorsorgevollmacht und Patientenverfügung in der ärztlichen Praxis. Deutsches Ärzteblatt 104 S. A 891-896 (Archiv / Dokumente A-Z)

Bundesärztekammer (2011) Grundsätze der Bundesärztekammer zur ärztlichen Sterbebegleitung. Deutsches Ärzteblatt 108 S. A 346-348 (Archiv / Dokumente A-Z)

CDU (2007) Grundsatzprogramm, beschlossen vom 21. Parteitag Hannover, 3.-4. Dezember 2007 (Archiv / Dokumente A-Z)

Clever U. (2011) Interview: Die Kammer sollte mehr Mitsprache haben. Ärzte Zeitung vom 28. April 2011 (Archiv / Dokumente A-Z)

Deutsche Bischofskonferenz (1975) Das Lebensrecht des Menschen und die Euthanasie. Die Deutschen Bischöfe 4 (Archiv / Dokumente A-Z)

Deutsche Bischofskonferenz (2011) Pressemeldung: Deutsche Bischofskonferenz und Bundesärztekammer im Gespräch (Archiv / 11. Mai 2011)

Deutscher Hospiz- und PalliativVerband (2011) Pressemitteilung: Auch zukünftig keine Hilfe zur Selbsttötung durch Ärzte (Archiv / 3. Januar 2011)

Deutsches Ärzteblatt (2011) Neue Führungsspitze der Bundesärztekammer. Jg. 108 S. A 1261-1264 (Archiv / 10. Juni 2011)

Deutsches Ärzteblatt (2011a) Ärztlich begleiteter Suizid: Deutliche Ablehnung einiger Kammern. Blogs/Gratwanderung (Archiv / 6. April 2011)

Deutsches Ärzteblatt (2011b) Sterbehilfe: BÄK rudert zurück. Blogs/ Lesefrüchtchen (Archiv / 9. Mai 2011)

Deutschlandradio Kultur (2011) Der „Löwe von Münster" (Archiv / 13. Juli 2011)

Diakonie (1997) Leitbild Diakonie. Beschlossen von der Diakonischen Konferenz am 15. Oktober 1997 in Bremen (Archiv / Dokumente A-Z)

domradio.de (2008) Rasch aus dem Schatten. Erzbischof Zollitsch tritt den Vorsitz der Deutschen Bischofskonferenz an (Archiv / 18. Februar 2008)

domradio.de (2010) Erzbischof Zollitsch kritisiert Rüstungsexporte (Archiv / 15. August 2010)

domradio.de (2010a) ZdK-Präsident Glück: Politik muss mehr für Hospizdienste tun (Archiv / 8. Oktober 2010)

domradio.de (2011) Ärztekammer lockert Grundsätze zur Sterbehilfe (Archiv / 16. Februar 2011)

domradio.de (2011a) Ein großer Rückschlag für die Ökumene (Archiv / 16. Januar 2011)

Duden (1976) Das große Wörterbuch der deutschen Sprache in 6 Bänden. Durchgesehener Nachdruck 1987. Mannheim / Wien / Zürich

EKD (2005) Kammer für Öffentliche Verantwortung der Evangelischen Kirche in Deutschland: Sterben hat seine Zeit. EKD-Texte 80 (Archiv / Dokumente A-Z)

EKD (2008) Wenn Menschen sterben wollen. Eine Orientierungshilfe zum Problem der ärztlichen Beihilfe zur Selbsttötung. EKD-Texte 97 (Archiv / Dokumente A-Z)

EKD / Deutsche Bischofskonferenz (1989) Gott ist ein Freund des Lebens. Herausforderungen und Aufgaben beim Schutz des Lebens. Gemeinsame Erklärung des Rates der EKD und der Deutschen Bischofskonferenz in Verbindung mit den übrigen Mitglieds- und Gastkirchen der Arbeitsgemeinschaft christlicher Kirchen in der Bundesrepublik Deutschland und Berlin (West). Sonderausgabe 2000 aus Anlass 10 Jahre Woche für das Leben. Herausgegeben vom Sekretariat der Deutschen Bischofskonferenz, Bonn (Archiv / Dokumente A-Z)

EKD / Deutsche Bischofskonferenz (2003) Sterbebegleitung statt aktiver Sterbehilfe. Eine Textsammlung kirchlicher Erklärungen. Gemeinsame Texte 17. Herausgegeben vom Kirchenamt der Evangelischen Kirche in Deutschland, Hannover und vom Sekretariat der Deutschen Bischofskonferenz, Bonn (Archiv / Dokumente A-Z)

EKD / Deutsche Bischofskonferenz (2011) Christliche Patientenverfügung. Handreichung und Formular. Gemeinsame Texte Nr. 20. Stand: 15. Januar 2011. Herausgegeben vom Kirchenamt der Evangelischen Kirche in Deutschland, Hannover und vom Sekretariat der Deutschen Bischofskonferenz, Bonn (Archiv / Dokumente A-Z)

Europäischer Gerichtshof für Menschenrechte (2011) Urteil vom 20. Januar 2011 – 31322/07 Fall Haas gegen die Schweiz (Archiv / Dokumente A-Z [französisch] – dort auch nichtamtliche deutsche Übersetzung)

evangelisch.de (2010) Käßmann: Aktive Sterbehilfe ist ein Irrweg (Archiv / 16. Februar 2010)

Evangelischer Pressedienst (2010) EKD-Ratsvorsitzender strikt gegen aktive Sterbehilfe (Archiv / 7. Dezember 2010)

Frankfurter Allgemeine Zeitung (2010) Bundesärztekammer vor Kurswechsel (Archiv / 28. Dezember 2010)

Frankfurter Allgemeine Zeitung (2010a) Ärztekammerpolitik von Suizidbeihilfe bis Rationierung. FAZ-Blogs (Archiv / 28. Dezember 2010)

Frankfurter Allgemeine Zeitung (2011) Wobei der Arzt nicht helfen darf (Archiv / 7. Mai 2011)

Friedrich J. (2011) Karfreitagspredigt in Ansbach (Archiv / Dokumente A-Z)

Frieß M. (2008) „Komm süßer Tod" – Europa auf dem Weg zur Euthanasie? Zur theologischen Akzeptanz von assistiertem Suizid und aktiver Sterbehilfe. Kohlhammer, Stuttgart

Graf von Galen C.A. (1993) Predigten in dunkler Zeit. Mit einer Einführung von Reinhard Lettmann, Bischof von Münster. Herausgegeben 1993 vom Domkapitel Münster (Archiv / Dokumente A-Z)

Graf von Galen C.A. (2005) Predigt vom 3. August 1941 in der St. Lambertikirche zu Münster. Publiziert von der Universität Innsbruck am 2. September 2005 (Archiv / Dokumente A-Z)

Gronemeyer R. (2011) Das Lebensende wird zur Planungsaufgabe. Der Tagesspiegel vom 11. Mai 2011 (Archiv / Dokumente A-Z)

Hahne P. (2011) Darf der Mensch sich töten? Bild am Sonntag vom 15. Mai 2011 (Archiv / Dokumente A-Z)

Henke R. (2007) Interview im Deutschlandradio Kultur vom 22. November 2007 (Archiv / Dokumente A-Z)

Hessischer Rundfunk (2011) Käßmann gegen aktive Sterbehilfe (Archiv / 5. März 2011)

Hofmann F. (2008) Skandalös und menschenverachtend. Bischof Hofmann verurteilt aktive Sterbehilfe. Pressemitteilung des Bistums Würzburg vom 2. Juli 2008 (Archiv / Dokumente A-Z)

Hoppe J.D. (2007) Wir lehnen aktive Sterbehilfe ab. Nachrichten-Cafe vom 28. März 2007 (Archiv / Dokumente A-Z)

Hoppe J.D. (2008) Sterbehilfe und Sterbebegleitung scharf voneinander abgrenzen. Pressemitteilung der Bundesärztekammer vom 8. Juli 2008 (Archiv / Dokumente A-Z)

Hoppe J.D. (2010) Interview zur Allensbach-Umfrage. Deutsches Ärzteblatt 107 S. A 1385 (Archiv / Dokumente A-Z)

Hoppe J.D. (2010a) Interview zum 70. Geburtstag. Menschen in der Zeit. Radio Vatikan (Archiv / Dokumente A-Z)

Hoppe J.D. (2010b) Interview in der Frankfurter Rundschau vom 27. Dezember 2010 (Archiv / Dokumente A-Z)

Hoppe J.D. (2010c) Das Gespräch zum 70. Geburtstag. Deutsches Ärzteblatt 107 S. A 2028-2029 (Archiv / 22. Oktober 2010)

Hoppe J.D. (2010d) Interview: Wer helfen will, kann das tun. SPIEGEL 29/2010 S. 104-106 (Archiv / Dokumente A-Z)

Hoppe J.D. (2011) Interview zu den neuen Grundsätzen. Deutsches Ärzteblatt 108 S. A 301-303 (Archiv / Dokumente A-Z)

Hoppe J.D. (2011a) 12 Fragen für 12 Jahre (Interview) BÄK intern Mai 2011, S. 4 (Archiv / Dokumente A-Z)

Hoppe J.D. (2011b) Eröffnungsrede zum 114. Deutschen Ärztetag am 31. Mai 2011 (Archiv / Dokumente A-Z)

Huber W. (2002) Wozu ist Sterbehilfe eigentlich gut? www.1000Fragen. de – eine Website der Aktion MENSCH (Archiv / Dokumente A-Z)

Huber W. (2004) Begleitung im Sterben. Gastkommentar in der Allgemeinen Zeitung Mainz vom 10. Juli 2004 (Archiv / Dokumente A-Z)

Huber W. (2005) Huber mahnt würdigen Umgang mit Tod an. EKD-Presseerklärung vom 24. März 2005 (Archiv / Dokumente A-Z)

Huber W. (2008) Predigt am 10. August 2008 im Gottesdienst in der Kaiser-Wilhelm-Gedächtniskirche zu Berlin, Psalm 48,13. (Archiv / Dokumente A-Z)

Huber W. (2011) www.WolfgangHuber.info, Stand: 15. September 2011 (Teilausdruck als PDF: Archiv / Dokumente A-Z)

Illustrirtes Konversations-Lexikon (1887) Nachschlagebuch für den täglichen Gebrauch. Ein Hausschatz für das Volk. Dritter Band C.D.E. 2. Auflage 1887 Spamer-Verlag Leipzig/Berlin

INNOFACT (2008) Zwei Drittel der Menschen würden Sterbehilfe in Anspruch nehmen. Meinungsumfrage in NRW vom Juli 2008 (Archiv / Dokumente A-Z)

Institut für Demoskopie Allensbach (2010) Ärztlich begleiteter Suizid und aktive Sterbehilfe aus Sicht der deutschen Ärzteschaft. Ergebnis einer Repräsentativbefragung von Krankenhaus- und niedergelassenen Ärzten. Juli 2010 (Archiv / Dokumente A-Z)

Jens W., Küng H. (1995) Menschenwürdig sterben. Ein Plädoyer für Selbstverantwortung. 2. Auflage. Piper, Zürich

jesus.de (2011) Käßmann: Mehr Geld nötig für würdevolle Begleitung Sterbender (Archiv / 13. Mai 2011)

Johannes Paul II. (1984) Apostolisches Schreiben Salvifici doloris. www.vatican.va, Rom (Archiv / Dokumente A-Z)

Johannes Paul II (1993) Enzyklika Veritatis splendor. www.vatican.va, Rom (Archiv / Dokumente A-Z)

Johannes Paul II. (1995) Enzyklika Evangelium vitae. Herausgegeben vom Sekretariat der Deutschen Bischofskonferenz, Bonn (Archiv / Dokumente A-Z)

Käßmann M. (2002) Bischöfin Käßmann gegen aktive Sterbehilfe. EKD-Pressemitteilung vom 21. Mai 2002 (Archiv / Dokumente A-Z)

Käßmann M. (2008) Aktive Sterbehilfe ist keine Lösung. domradio.de vom 10. Juli 2008 (Archiv / Dokumente A-Z)

Käßmann M. (2009) Interview: Den Gottesdienst möchte ich stärken. Deutschlandfunk vom 29. Oktober 2009 (Archiv / Dokumente A-Z)

Katechismus der Katholischen Kirche (1993) Oldenbourg, München

Kindlers Kulturgeschichte Europas (1983) Band 20. George Lichtheim: Europa im 20. Jahrhundert. Deutscher Taschenbuch Verlag, München

Koch K. (2007) Die Herausforderung des Sterbens in Würde annehmen. Vortrag vom 24. April 2007 in Rheinfelden (Archiv / Dokumente A-Z)

Kreß H. (2001) Menschenwürde am Ende des Lebens – Sterbehilfe, Sterbebegleitung, Patientenverfügung in ethischer Sicht. Vortrag vom 20. Oktober 2001 in der Fachhochschule Wiesbaden (Archiv / Dokumente A-Z)

Kreß H. (2004) Sterbehilfe – Freiheit und Selbstbestimmung am Ende des Lebens. Ethische Aspekte zur Patientenverfügung. Referat auf dem Kongress der Deutschen Gesellschaft für Innere Medizin am 20. April 2004 in Wiesbaden (Archiv / Dokumente A-Z)

Kreß H. (2005) Grenzen der Behandlung – Bericht der Mainzer Ethikkommission zur Sterbehilfe. Referat auf dem 111. Kongress der Deutschen Gesellschaft für Innere Medizin am 5. April 2005 in Wiesbaden (Archiv / Dokumente A-Z)

Kreß H. (2006) Selbstbestimmung des Patienten im Spannungsfeld von Abhängigkeit und Eigenverantwortung. Referat auf dem 7. Mannheimer Ethik-Symposium am 23. September 2006 (Archiv / Dokumente A-Z)

Kreß H. (2008) Katholische und evangelische Ethik im Nebeneinander – fördernd oder hemmend für den Ethikdiskurs. Materialdienst des Konfessionskundlichen Instituts Bensheim 2008 Heft 3 S. 59 (Archiv / Dokumente A-Z)

Kreß H. (2009a) Selbstbestimmungsrecht, Menschenbild und gesellschaftlicher Pluralismus angesichts des Lebensendes. Referat auf der interdisziplinären Tagung „Behandlungsziele am Lebensende" am 18. März 2009 in Köln (Archiv / Dokumente A-Z)

Kreß H. (2009b) Menschenwürde und das Grundrecht auf Selbstbestimmung im Umgang mit dem Lebensende – mit Blick auf Anschlussfragen nach der Verabschiedung des Patientenverfügungsgesetzes und auf die Problematik des medizinisch assistierten Suizids. Referat am 2. Oktober 2009 auf der Tagung „Selbstbestimmt bis zuletzt? Patientenverfügung – Assistierter Suizid – Sterbehilfe" der Evang. Akademie Baden in Verbindung mit der Landesärztekammer Baden-Württemberg, der Bezirksärztekammer Nordbaden und der Ärzteschaft Karlsruhe (Archiv / Dokumente A-Z)

Kreß H. (2010) Dogmatisierung ethischer Fragen – Kirchliche Stellungnahmen zu ethischen Themen: Neue Dogmatisierungen, Konfessionalisierungen und die Retardierung der kirchlichen ethischen Urteilsfindung. Materialdienst des Konfessionskundlichen Instituts Bensheim 2010 Heft 1 S. 3 (Archiv / Dokumente A-Z)

Kreß H., Huber W. (2011) Pro & Contra: Assistierter Suizid? ZRP Heft 1 S. 31 (Archiv / Dokumente A-Z)

Kumbier, E., Teipel S.J., Herpertz S.C. (2009) Ethik und Erinnerung. Zur Verantwortung der Psychiatrie in Vergangenheit und Gegenwart. Papst, Lengerich u.a.

Küng H. (2001) Sterbehilfe? Thesen zur Klärung (Archiv / Dokumente A-Z)

Küng H. (2011) Vollständige Bibliographie Stand Januar 2011. www.weltethos.org (Archiv / Dokumente A-Z)

Kusch R. (2005) Ansichtssache: Leben und Sterben in Würde. Hamburger Abendblatt vom 11. Oktober 2005 (Archiv / Dokumente A-Z)

Kusch R., Spittler J.F. (2011) Weißbuch 2011. Schriftenreihe Band 1, SterbeHilfeDeutschland e.V., Books on Demand, Norderstedt

Landeszentrale für politische Bildung Baden-Württemberg (2000) Bausteine: „Euthanasie" im NS-Staat: Grafeneck im Jahr 1940 (Archiv / Dokumente A-Z)

Landeszentrale für politische Bildung Baden-Württemberg (2011) Materialien: „Wohin bringt ihr uns?" – Grafeneck 1940. NS-„Euthanasie" im deutschen Südwesten (Archiv / Dokumente A-Z)

Lütz M. (2006) Die Sehnsucht des Menschen nach Heil und Heilung in Medizin und Psychotherapie. Vortrag vom 19. September 2006 auf der Pädagogischen Woche im Maternushaus Köln (Archiv / Dokumente A-Z)

Mannheimer Morgen (2011) Hanseat mit Durchschlagskraft (Archiv / 3. Juni 2011)

Meisner J. (2002) Predigt zum Epiphaniefest 2002 im Hohen Dom zu Köln (Archiv / Dokumente A-Z)

Meisner J. (2002a) Predigt am Sylvesterabend 2002 im Hohen Dom zu Köln (Archiv / Dokumente A-Z)

Meisner J. (2007) Bibelarbeit zu Jer 23, 16-32 beim Evangelischen Kirchentag in Köln am 8. Juni 2007 (Archiv / Dokumente A-Z)

Meisner J. (2008) Predigt zum Jubiläum der Marienerscheinungen in Siluva, Litauen, am 14. September 2008 (Archiv / Dokumente A-Z)

Meisner J. (2011) Sterbehilfe – Perversion christlichen Denkens. WELT vom 12. März 2011 (Archiv / Dokumentation A-Z – dort auch 52 Leser-Kommentare)

Meisner J. (2011a) Nur eine ganz kleine Änderung. Frankfurter Allgemeine Zeitung vom 15. April 2011

Meister R. (2011) Gottesdienst zur Eröffnung des Christlichen Kinder-Hospitals in Osnabrück am 8. April 2011 (Archiv / Dokumente A-Z)

Merkel A. (2008) N24-Sommerinterview vom 2. Juli 2008 (Archiv / Dokumente A-Z)

Merkel A. (2009) Eröffnungsrede zum 9. Deutschen Seniorentag in Leipzig am 9. Juni 2009 (Archiv / Dokumente A-Z)

Meßner R. (2011) Publikationsliste des Instituts für Bibelwissenschaften und Historische Theologie der Universität Innsbruck, aktualisiert am 12. August 2010: www.uibk.ac.at/bibhist/messner/publ, Stand: 15. September 2011 (Archiv / Dokumente A-Z)

Neher P. (2010) domradio.de-Interview (Archiv / 28. Dezember 2010)

Neue Zürcher Zeitung (2011) Thema Sterbehilfe noch in diesem Jahr auf der Traktandenliste (Archiv / 11. März 2011)

Neue Zürcher Zeitung (2011a) Kommentar: Zürcher Stimmbürger stützen Suizidhilfe-Praxis (Archiv / 16. Mai 2011)

Orwell, G. (1949) 1984. Übersetzt von Michael Walter. Ullstein, Frankfurt am Main 1984

Radio Vatikan (2011) Tod eines Lebemanns, oder: „Das Märchen vom Freitod". Verkürztes Manuskript der Sendung (Archiv / 15. Mai 2011)

Ratzinger J. (1990) Kongregation für die Glaubenslehre: Instruktion über die kirchliche Berufung von Theologen. Verlautbarungen des Apostolischen Stuhls 98. Herausgegeben vom Sekretariat der Deutschen Bischofskonferenz, Bonn (Archiv / Dokumente A-Z)

Ratzinger J. (1998) Kongregation für die Glaubenslehre: Lehramtliche Stellungnahmen zur „Professio Fidei". Verlautbarungen des Apostolischen Stuhls 144. Herausgegeben vom Sekretariat der Deutschen Bischofskonferenz, Bonn (Archiv / Dokumente A-Z)

Ratzinger J. (2000) Kongregation für die Glaubenslehre: Notifikation bezüglich einiger Veröffentlichungen von Prof. Dr. Reinhard Meßner. www.vatican.va, Rom (Archiv / Dokumente A-Z)

Ratzinger J. (2003) Die Beziehung zwischen Lehramt der Kirche und Exegese. Vortrag vom 10. Mai 2003 zum Hundertjährigen Bestehen der Päpstlichen Bibelkommission. (Archiv / Dokumente A-Z)

Rheinische Post (2010) Sterbehilfe: Ärzte wollen Berufsrecht liberalisieren (Archiv / 18. August 2010)

Roelcke V. (2009) Sterbebegleitung – Leidminderung – Tötung. Zur Entwicklung des Begriffs Euthanasie, ca. 1880 bis 1939 in: Kumbier, E., Teipel S.J., Herpertz S.C. (Hg.): Ethik und Erinnerung. Zur Verantwortung der Psychiatrie in Vergangenheit und Gegenwart. S. 15-28, Papst, Lengerich u.a.

Rotzoll M. et al. (2010) Die nationalsozialistische »Euthanasie«-Aktion »T4« und ihre Opfer. Geschichte und ethische Konsequenzen für die Gegenwart. Schöningh, Paderborn u.a.

Ruhr Nachrichten (2011) Leid gehört zum Leben (Archiv / 5. August 2011)

Sachs G. (2011) Abschiedsbrief und Pressemitteilung der Familie. Schweizer Illustrierte (Archiv / 9. Mai 2011)

Schneider N. (2011) Die Kirche verurteilt niemanden, der sich tötet. Westdeutsche Allgemeine Zeitung (Archiv / 10. Mai 2011)

Schneider N. (2011b) Verkündung, Feier, Lebenszeugnis. Nikolaus Schneider gratuliert Papst Benedikt XVI. zum Weihejubiläum. EKD-Pressemitteilung vom 28. Juni 2011 (Archiv / Dokumente A-Z)

Schwäbische Zeitung (2011) Redner beim Glaubensfest machen sich für das Leben stark (Archiv / 4. Juli 2011)

Schweizer Bischofskonferenz (2002) Die Würde des sterbenden Menschen. Pastoralschreiben Nr. 9 vom 4. Juni 2002 (Archiv / Dokumente A-Z)

Schweizer Bischofskonferenz (2008) Keine staatliche Legitimation für

Suizid-Organisationen. Mediencommuniqué vom 8. Juli 2008 (Archiv / Dokukmente A-Z)

Schweizerischer Bundesrat (2011) Palliative Care, Suizidprävention und organisierte Suizidhilfe. Bericht vom Juni 2011 (Archiv / Dokumente A-Z)

Schweizerischer Evangelischer Kirchenbund (2010) Perspektiven am Lebensende. Vernehmlassungsantwort des Rates des Schweizerischen Evangelischen Kirchenbundes SEK zur Änderung des Strafgesetzbuches und des Militärgesetzes betreffend die organisierte Suizidhilfe. Bern, 1. März 2010 (Archiv / Dokumente A-Z)

Schweizerisches Bundesgericht (2006) Urteil vom 3. November 2006 – 2A.48/2006 / 2a.66/2006 – BGE 133 I 58 (Archiv / Dokumente A-Z)

Senioren-Union (2011) Manifest „Kultur des Lebens" beschlossen vom Bundesvorstand der Senioren-Union der CDU Deutschlands am 5. Juli 2011 (Archiv / Dokumente A-Z)

Seper F. (1980) Kongregation für die Glaubenslehre: Erklärung zur Euthanasie. www.vatican.va (Archiv / Dokumente A-Z)

Sgreccia E. (2011) Töten kann niemals ein Recht sein. Zur Volksabstimmung in Zürich. Radio Vatikan (Archiv / 17. Mai 2011)

Simon A. (2010) Einstellung der Ärzte zur Suizidbeihilfe: Ausbau der Palliativmedizin gefordert. Deutsches Ärzteblatt 107 S. A 1383-1385 (Archiv / Dokumente A-Z)

Sommaruga S. (2011) Keine ausdrückliche Regelung der organisierten Suizidhilfe. Medienkonferenz des Bundesrates am 29. Juni 2011: Referat von Bundesrätin Simonetta Sommaruga (Archiv / Dokumente A-Z)

Sommaruga S. (2011a) Interview: Auch Nicht-Sterbenskranken darf man beim Suizid helfen. Beobachter 14/11 vom 6. Juli 2011 (Archiv / Dokumente A-Z)

Spaemann R. (2006) Töten oder sterbenlassen? Aufklärung und Kritik Sonderheft 11 S. 80-88 (Archiv / Dokumente A-Z)

SPIEGEL (1964) Euthanasie-Prozess Heyde-Sawade (Archiv / 19. Februar 1964)

SPIEGEL (2008) Repräsentative Ärzte-Umfrage zur Sterbehilfe (Archiv / 22. November 2008)

Student Ch., Klie Th. (2011) Pressemitteilung vom 4. Januar 2011 zur geplanten Freigabe der Suizidbeihilfe durch Ärzte in Deutschland (Archiv / Dokumente A-Z)

Süddeutsche Zeitung (2010) Interview mit Wolfgang Huber und Michael de Ridder. S. 8 (Archiv / 28. September 2010)

Tagesschau (2010) Ärzteschaft liberalisiert Berufsrecht bei Sterbehilfe (Archiv / 27. Dezember 2010)

Thissen W. (2005) Entsetzen über Euthanasie-Vorstoß. Radio Vatikan vom 14. Oktober 2005 (Archiv / Dokumente A-Z)

Vatikanisches Konzil II (1965) Dei Verbum. Dogmatische Konstitution über die göttliche Offenbarung. www.vatican.va, Rom (Archiv / Dokumente A-Z)

Vatikanisches Konzil II (1965a) Gaudium et spes. Pastorale Konstitution über die Kirche in der Welt von heute. www.vatican.va, Rom (Archiv / Dokumente A-Z)

WELT (2007) Kirche und Politik sagen Dignitas den Kampf an (Archiv / 20. November 2007)

WELT (2007a) Bischof Huber greift Dignitas scharf an (Archiv / 20. November 2007)

WELT (2010) Verbot der Suizidbeihilfe soll gelockert werden (Archiv / 29. Dezember 2010)

WELT (2010a) Darf ein Arzt einem Kranken beim Suizid helfen? (Archiv / 31. Dezember 2010)

WELT (2011) Neue Grundsätze zur Sterbebegleitung lockern das Verbot der Hilfe zur Selbsttötung allenfalls rhetorisch (Archiv / 26. Januar 2011)

Wetter F. (2005) Notfalls im Gewissen begründeten zivilen Ungehorsam leisten. Pressemitteilung des Erzbistums München und Freising vom 20. Oktober 2005 (Archiv / Dokumentation A-Z)

Zollitsch R. (2007) Uns einlassen auf die Spielzüge Gottes. Predigt beim Tag der Pastoralen Dienste am 4. Juli 2007 in Mosbach. In: Freiburger Texte S. 90-94. Schriftenreihe des Erzbistums Freiburg Nr. 57 (Archiv / Dokumente A-Z)

Zollitsch R. (2008) Alte Menschen brauchen Hilfe und Zuwendung. Interview vom 16. Juli 2008, Deutschlandradio Kultur (Archiv / Dokumente A-Z)

Zollitsch R. (2010) Gottes Liebe empfangen und weiterschenken. Predigt zum Hochfest der Schutzpatronin der Erzdiözese Freiburg Mariä Aufnahme in den Himmel am 15. August 2010 im Münster Unserer Lieben Frau, Freiburg (Archiv / Dokumente A-Z)

Zollitsch R. (2011) Interview zur PID und zum ärztlich assistierten Suizid. Deutsches Ärzteblatt 108 S. A 824-826 (Archiv / Dokumente A-Z)

Zollitsch R. et al. (2006) Gemeinsames Hirtenschreiben der Bischöfe von Freiburg, Strasbourg und Basel vom Juni 2006: Die Herausforderung des Sterbens annehmen (Archiv / Dokumente A-Z)

Zürcher Oberländer (2011) Deutliche Abfuhr für Sterbehilfe-Initiativen. Zum Ergebnis der beiden Volksabstimmungen (Archiv / 16. Mai 2011)

2) Die Autoren

Dr. iur. Roger Kusch

19. August 1954	geboren in Stuttgart
26. September 1954	Taufe in der elterlichen Wohnung in Stuttgart-Möhringen
24. März 1968	Konfirmation in der evangelischen Kirche von Aichschieß (Gott hat uns nicht gegeben den Geist der Furcht, sondern der Kraft und der Liebe und der Zucht – 2. Timotheus 1, 7)
1973	Abitur in Esslingen, danach 15 Monate Wehrdienst
1974 – 1982	Jurastudium, Promotionsstipendium und Referendarzeit
1983 – 2001	verschiedene Tätigkeiten in Vollzugsanstalten, als Strafrichter und Staatsanwalt, im Bundesministerium der Justiz, in der CDU/CSU-Fraktion des Deutschen Bundestages, im Bundeskanzleramt und in der CDU-Fraktion der Hamburgischen Bürgerschaft; zuletzt Oberstaatsanwalt beim Bundesgerichtshof
1984	Promotion zum Dr. iur., seitdem zahlreiche Veröffentlichungen zum Strafrecht und Strafprozessrecht

2001 – 2006	Justizsenator der Freien und Hansestadt Hamburg
2006 – 2008	Vorsitzender der Partei „HeimatHamburg"
2007 – 2009	Vorsitzender des Vereins „Dr. Roger Kusch Sterbe-hilfe e.V."
seit 2008	Rechtsanwalt
seit 2009	Vorsitzender des Vereins „SterbeHilfeDeutschland e.V."

Werner Kriesi (Das Buch Hiob, S. 79)

21. September 1932	geboren in Dübendorf nahe Zürich
1939 – 1951	Primar- und Sekundarschule in Dübendorf, danach Lehre als Möbelschreiner
1951 – 1955	Militärische Ausbildung bis zum Feldweibel, berufs-tätig als Schreiner
1955 – 1961	Ausbildung im Predigerseminar St. Chrischona, anschließend kirchliche Jugendarbeit
1965	Heirat; Tochter 1969, zwei Söhne 1971 und 1973
1965 – 1968	Theologiestudium an der Universität Basel
1968 – 1976	Pfarrer in der Reformierten Landeskirche Kanton Ba-selland, daneben u.a. Präsident einer Heilpädagogi-schen Tagesschule, Tätigkeit in Gemeinde-Fürsorge und Militärseelsorge
1976 – 1996	Pfarrer in der Reformierten Landeskirche Kanton Zürich, in Thalwil, daneben u.a. Präsident eines Ver-eins für Alkoholfürsorge; Pensionierung am 1. Sep-tember 1996
1998 – 2006	Vorstandsmitglied von Exit Deutsche Schweiz als Präsident / Vizepräsident / Teamleiter Freitod-begleitung
seit 2006	ca. 360 Freitodbegleitungen, in mehr als 1000 weiteren Fällen beratend involviert; Aus- und Weiter-bildung neuer Mitglieder des Teams

3)   Fußnoten

1   Schneider N. (2011b)

2   domradio.de (2011a)

3   Kreß H. (2008) S. 59 und 62

4   EKD / Deutsche Bischofskonferenz (1989)

5   EKD / Deutsche Bischofskonferenz (2003)

6   EKD / Deutsche Bischofskonferenz (2011) S. 8

7   Schweizerisches Bundesgericht (2006) Ziff. 6.1

8   Europäischer Gerichtshof für Menschenrechte (2011) – Entscheidungsgründe Nr. 51

9   EKD (2005) S.12

10   EKD (2005) S. 4

11   EKD (2005) S. 14 und 17

12   Zollitsch R. et al. (2006) S. 5

13   Zollitsch R. et al. (2006) S. 2f.

14   Zollitsch R. et al. (2006) S. 4

15   Zollitsch R. et al. (2006) S. 5

16   Henke R. (2007)

17   Bauer E.J. et al. (2011) S. 18f. – Auf S. 129f. findet sich eine langatmige Wiederholung des Gedankens mit dem zusätzlichen Verdikt, „dass in den meisten Fällen die suizidale Einzelhandlung subjektiv keine oder nur in einem geringen Maße moralische Relevanz aufweist."

18   Bauer E.J. et al. (2011) S. 133

19   Sachs G. (2011)

20   Ausgabe vom 9. Mai 2011

21   zitiert nach open-report.de vom 14. Mai 2011

22   Sendung vom 11. Mai 2011

23   Schneider N. (2011)

24   Gronemeyer R. (2011)

25   Hahne P. (2011)

26   Radio Vatikan (2011)

27   Bauer E.J. et al. (2011) S. 141

28   Schwäbische Zeitung (2011)

29 EKD / Deutsche Bischofskonferenz (2011) S. 8; Kusch R., Spittler J.F. (2011) S. 97

30 Kusch R., Spittler J.F. (2011) S. 95ff.

31 CDU (2007) S.74

32 Senioren-Union (2011)

33 Benedikt XVI. (2008)

34 Benedikt XVI. (2007a)

35 domradio.de (2010a)

36 Hofmann F. (2008)

37 Meisner J. (2011)

38 Käßmann M. (2009); evangelisch.de (2010)

39 Käßmann M. (2002 und 2008)

40 Hessischer Rundfunk (2011); jesus.de (2011)

41 Huber W. (2004)

42 Evangelischer Pressedienst (2010)

43 Hoppe J.D. (2008)

44 Bundesärztekammer (2007) S. A 893 linke Spalte

45 Hoppe J.D. (2007)

46 Merkel A. (2009)

47 z.B. INNOFACT (2008)

48 Merkel A. (2008)

49 Kusch R. (2005)

50 Wetter F. (2005)

51 Thissen W. (2005)

52 Illustrirtes Konversations-Lexikon (1887) Dritter Band C.D.E.

53 Duden (1976) Band 2

54 Kindlers Kulturgeschichte Europas (1983) S. 437

55 Baumann J. (1975) S. 474

56 Frieß M. (2008) S. 15

57 Frieß M. (2008) S. 20f.

58 Frieß M. (2008) S. 17

59 Frieß M. (2008) S. 33

60 Herausgeber: Kumbier E., Teipel S.J., Herpertz S.C. (2009)

61 Roelcke V. (2009) S. 27

62 Rotzoll M. et al. (2010)

63	Landeszentrale für politische Bildung Baden-Württemberg (2011) S. 12
64	Graf von Galen C.A. (1993) S. 43
65	zu Grafeneck: Landeszentrale für politische Bildung Baden-Württemberg (2000) S. 20
66	Graf von Galen C.A. (2005); siehe auch Deutschlandradio Kultur (2011)
67	Landeszentrale für politische Bildung Baden-Württemberg (2000) S. 13
68	Landeszentrale für politische Bildung Baden-Württemberg (2000) S. 68
69	SPIEGEL (1964) S. 29
70	Deutsche Bischofskonferenz (1975)
71	Seper F. (1980)
72	Meisner J. (2002)
73	Meisner J. (2002a)
74	Meisner J. (2007)
75	Meisner J. (2008)
76	Benedikt XVI. (2007) S. 3
77	Benedikt XVI. (2008)
78	Friedrich J. (2011)
79	Lütz M. (2006) S. 8
80	Katechismus der Katholischen Kirche (1993) Ziff. 2282
81	Katechismus der Katholischen Kirche (1993) Ziff. 2281
82	Katechismus der Katholischen Kirche (1993) Ziff. 2282
83	Katechismus der Katholischen Kirche (1993) Ziff. 2277
84	Johannes Paul II. (1995) Ziff. 21
85	Johannes Paul II. (1995) Ziff. 8
86	Johannes Paul II. (1995) Ziff. 17
87	Johannes Paul II. (1995) Ziff. 20
88	Johannes Paul II. (1995) Ziff. 21
89	Johannes Paul II. (1995) Ziff. 65
90	Johannes Paul II. (1995) Ziff. 72
91	Johannes Paul II. (1995) Ziff. 73
92	Vatikanisches Konzil II (1965a) Ziff. 27
93	Johannes Paul II. (1995) Ziff. 66
94	Ratzinger J. (1998) S. 24
95	Johannes Paul II. (1984)

96	Meisner J. (2011)
97	Johannes Paul II. (1984) Ziff. 19
98	Johannes Paul II. (1984) Ziff. 22
99	Johannes Paul II. (1984) Ziff. 23
100	Johannes Paul II. (1984) Ziff. 26
101	Johannes Paul II. (1984) Ziff. 26f.
102	Johannes Paul II. (1984) Ziff. 31
103	Johannes Paul II. (1984) Ziff. 21, 31
104	Johannes Paul II. (1984) Ziff. 26
105	Johannes Paul II. (1984) Ziff. 31
106	Ratzinger J. (1990) Ziff. 39
107	Vatikanisches Konzil II (1965) Ziff. 10
108	Johannes Paul II. (1993) Ziff. 27
109	Ratzinger J. (1990) Ziff. 13
110	Ratzinger J. (1990) Ziff. 15
111	Ratzinger J. (1990) Ziff. 14
112	Ratzinger J. (1990) Ziff. 15
113	Ratzinger J. (1990) Ziff. 18
114	Ratzinger J. (1990) Ziff. 16
115	Kreß H. (2008) S. 60
116	Kreß H. (2010) S. 4
117	Artikel 5 Absatz 3 Satz 1
118	Ratzinger J. (1990) Ziff. 38
119	Ratzinger J. (1990) Ziff. 12
120	Ratzinger J. (2003)
121	Ratzinger J. (1990) Ziff. 35
122	Ratzinger J. (1990) Ziff. 30
123	Ratzinger J. (1990) Ziff. 31
124	Ratzinger J. (1990) Ziff. 37
125	Ratzinger J. (2000)
126	Meßner R. (2011)
127	Bauer E.J. et al. (2011) S. 164f.
128	Amtsblatt des Kantons Zürich (2011); Zusammenfassung: Zürcher Oberländer (2011)

129 Sgreccia E. (2011)

130 Neue Zürcher Zeitung (2011a)

131 Schweizer Bischofskonferenz (2002)

132 Schweizer Bischofskonferenz (2008)

133 Koch K. (2007)

134 Schweizerischer Evangelischer Kirchenbund (2010)

135 Schweizerischer Bundesrat (2011) S. 7

136 Neue Zürcher Zeitung (2011)

137 Schweizerischer Bundesrat (2011) S. 29ff.

138 Sommaruga S. (2011)

139 Sommaruga S. (2011a)

140 domradio.de (2008)

141 Badische Zeitung (2010)

142 domradio.de (2010)

143 vollständig: Zollitsch R. (2010)

144 Zollitsch R. (2007) S. 90

145 Zollitsch R. (2011) S. 826

146 Zollitsch R. (2008)

147 Huber W. (2011)

148 Huber W. (2008) vollständiger Predigttext als PDF-Datei

149 Huber W. (2002)

150 Huber W. (2004)

151 Huber W. (2005)

152 WELT (2007)

153 WELT (2007a)

154 EKD (2008)

155 Süddeutsche Zeitung (2010)

156 Kreß H., Huber W. (2011)

157 Huber W. (2011)

158 Ärztekammer Nordrhein (2005)

159 Hoppe J.D. (2010c) S. 2028

160 Hoppe J.D. (2010c) S. 2029

161 Hoppe J.D. (2011a) S. 4

162 Hoppe J.D. (2010a)

163 Deutsches Ärzteblatt (2011) S.1264

164 BÄK intern (2008) S. 10

165 SPIEGEL (2008)

166 Institut für Demoskopie Allensbach (2010)

167 Frankfurter Allgemeine Zeitung (2010)

168 Hoppe J.D. (2010d)

169 Hoppe J.D. (2010)

170 Simon A. (2010) S. A 1384

171 Rheinische Post (2010)

172 Hoppe J.D. (2010b) – am selben Tag auch: Ärzte Zeitung (2010)

173 Tagesschau (2010)

174 am ausführlichsten: WELT (2010)

175 Frankfurter Allgemeine Zeitung (2010)

176 Frankfurter Allgemeine Zeitung (2010a)

177 Neher P. (2010)

178 Aachener Nachrichten (2010)

179 WELT (2010a)

180 Deutscher Hospiz- und PalliativVerband (2011)

181 Student Ch., Klie Th. (2011)

182 Ärzte Zeitung (2011)

183 Bundesärztekammer (2011)

184 Hoppe J.D. (2010d)

185 WELT (2011)

186 Hoppe J.D. (2011) S. A 302

187 Ärzte für das Leben e.V. (2011)

188 Meister R. (2011)

189 domradio.de (2011)

190 Meisner J. (2011)

191 Meisner J. (2011a)

192 Deutsches Ärzteblatt (2011a)

193 Clever U. (2011)

194 Ärzte Zeitung (2011a)

195 Frankfurter Allgemeine Zeitung (2011)

196 Orwell G. (1949) S. 42 ff.

197   Deutsches Ärzteblatt (2011b)
198   Deutsche Bischofskonferenz (2011)
199   Boulevard Baden (2011)
200   Hoppe J.D. (2011b)
201   Mannheimer Morgen (2011)
202   Hoppe J.D. (2010d)
203   Küng H. (2011)
204   Jens W., Küng H. (1995)
205   Seper (1980)
206   Jens W., Küng H. (1995) S. 54
207   Jens W., Küng H. (1995) S. 71f.
208   Küng H. (2001)
209   Kreß H. (2001)
210   Kreß H. (2004)
211   Kreß H. (2005)
212   Kreß H. (2006)
213   Kreß H. (2009a)
214   Kreß H. (2009b)
215   Kreß H. (2010)
216   Kreß H., Huber W. (2011)
217   In diesem Kapitel sind alle Namen geändert.
218   Diakonie (1997)
219   Mit Ausnahme von Thomas Wolff sind in diesem Kapitel alle Namen geändert.